secession

Peter Verhelst

Eine Handvoll Sekunden

PETER VERHELST

EINE HANDVOLL SEKUNDEN

ROMAN

Aus dem Niederländischen übersetzt von Stefan Wieczorek

Die Originalausgabe erschien unter dem Titel
„De kunst van het crashen“
bei Uitgeverij Prometheus, Amsterdam.

Flemish
Literature
Fund

Die Übersetzung dieses Buches wurde gefördert
vom Flämischen Literaturfonds.

Erste Auflage

Übersetzung: Stefan Wieczorek
Lektorat: Alexander Weidel
Korrektorat: Peter Natter
www.secession-verlag.com

Gestaltung: Erik Spiekermann, Berlin
Satz: Greiner & Reichel, Köln
Herstellung: Renate Stefan, Berlin
Druck und buchbinderische Verarbeitung:
Friedrich Pustet, Regensburg
Papier Innenteil: 100g Fly 05
Papier Vor- und Nachsatz: 115g Fly 05
Papier Überzug: 130g Munken Lynx
Gesetzt aus FF Meta & **FF Good**
Printed in Germany

ISBN 978-3-905951-91-2

Inhalt

Vorwort

23. April 2013. Überraschend muss ich zu einer Besprechung nach Brüssel, aber das ist nicht weiter schlimm: Es läuft angenehme Musik, und ich fahre genau 120 km/h. Es ist 12:20 Uhr. Kurz vor der Brücke bei Wetteren überhole ich auf der mittleren Spur einen Lastwagen, aus dem Augenwinkel sehe ich einen großen Autoreifen. Die darauf folgenden Sekunden dauern Stunden, Jahre, Millisekunden, je nachdem in welche Subzeiten sich die Zeit aufspaltet (dazu später mehr).

Mein Wagen wird angehoben, sofort breitet sich weißer Rauch aus, danach ist alles weiß.
Das Einzige, was ich begreife: Gleich kommt ein heftiger Schlag.
Neben und über meinem Kopf schleift Metall über Asphalt.
Ich denke: So schnell geht das also ... Es geht aber noch viel schneller. Ich rase kopfüber auf einer Achterbahn und zwar mit geöffneten Augen.
Ich kann in den Airbag schauen, wirklich, tief *in* die Kunstfasern hinein: weiße, glänzende ineinander verschränkte V, die selbst wieder aus durchscheinenden Fäden zusammengesetzt wurden – ich nehme sie zwischen die Finger, während ich auf dem Dach über den Asphalt rutsche und denke: Wie unglaublich gut ist das doch gemacht, richtig gut.
Jede Sekunde rechne ich damit, dass der Lastwagen über mich wegdonnert.
Ich denke: Nein, das ist zu früh, ich würde so gerne noch ...
Über mir läuft noch immer die Musik (Kruder & Dorfmeister).
Ich spüre keinen Schmerz. Plötzlich wird es dunkel.

Ich schiebe meinen Kopf in eine Blase voller Stille. Eine Wolke aus Glück, gelassenem Glück, und gleichzeitig höre ich links von mir das panische Schleifen von Metall über Asphalt.

Und dann bewegt sich mein Auto nicht mehr.

Kein Aufprall. Wann brettert der Lastwagen über mich weg?
Ich schalte den Motor ab – mein Schlüsselbund hängt rechts oben.
Es ist still auf der Autobahn.
Hier drinnen ist es halbdunkel.
Liege ich verkehrt herum oder stimmt das so?
Ich hole Glas aus dem Mund und putze die Finger an meinem zerrissenen Ärmel ab. Ich nehme mein Handy, das an einem Kabel herumschlingert.
Mein Wagen sieht innen ganz schön zerlegt aus.
Mit dem Zeigefinger hebe ich links von mir den schlaffen Airbag hoch und denke: Das Fenster ist viel zu klein, gleich fängt der Wagen Feuer. Wie macht man das noch mal, so einen Sicherheitsgurt lösen?
Ich höre rasche Schritte. Jemand öffnet die Autotür. Ich beuge mich nach vorn, um auszusteigen, dabei fallen dicke Blutstropfen auf den Boden.
Jemand hält mich an der Schulter und sagt: „Das kann nicht sein, dass du noch lebst." Und: „Du hast dich dreimal überschlagen, dreimal."
Eine Art Stille.
Es hat sich ein langer Stau gebildet, mit ernsten Menschen hinter den Lenkrädern.
Mein linkes Auge sticht.

Jemand führt mich an den Rand der Fahrbahn und fordert mich auf, mich auf den Boden zu legen.
Ich spüre einen stechenden Schmerz unter dem linken Schulterblatt.
Ich rufe meine Freundin an und sage: „Mach dir keine Sorgen, mit mir ist alles in Ordnung, allerdings ...“, während jemand neben mir sagt: „Sie müssen sich auf den Boden legen, jetzt müssen Sie sich wirklich auf den Boden legen.“
Ich telefoniere, um mich wegen der Besprechung zu entschuldigen.
Ich setze mich auf die Leitplanke.
Zerbeult liegt mein Auto auf dem Dach. Öl leckt auf den Straßenbelag. Die ersten Autos fahren langsam auf der freien Spur vorbei – es knackt, wenn sie über kleinere Trümmerteile fahren.
Ein Fernsehteam trifft ein und wird von mir weggeschickt.

Ich versuche, meinen Kopf von links nach rechts zu bewegen.
Ein Lastwagenfahrer kommt und sagt, dass sein Rad nicht sein Rad sei.
Es hängt eine weiße Wolke im grauen Himmel.
Eigenartig, die Unterseite des eigenen Wagens zu sehen.
Zwei Polizisten sind da.
Ein Sanitäter leuchtet mir mit einem Lämpchen in die Augen.
Ich lege mich auf eine Trage und werde in den Krankenwagen geschoben. Ich klappere mit den Zähnen. Ich höre: innere Verletzungen. Ich schaue an die Decke des Krankenwagens.
In diesem Augenblick hat das Buch, das Sie gerade lesen, schon vor mehr als zwanzig Minuten angefangen (und ist, in einer anderen Zeitrechnung, bereits Jahrhunderte alt).

Dieses Buch ist kein Bericht eines Unfalls – den Bericht haben Sie soeben erhalten und das war es. Dieses Buch ist eine Ode an die Orte und Zeiten, auf die ich während des Unfalls einen Blick erhaschen konnte, Wahrheiten, aber nicht zwangsläufig in einem philosophischen und sicherlich nicht in einem religiösen Sinn. Alles in allem dauerte der Unfall eine Handvoll Sekunden. Und diese Sekunden dauern über 300 Seiten. So viel Zeit ist nötig, um die Wahrheit eines Buches zu ihrem Recht kommen zu lassen.

I

Die erste Katze von Istanbul

Die Unterrichtsstunden „Zeichnen nach lebendem Modell" wurden im Ausweichgehege der Löwen abgehalten, weil der Weiher dort das Licht so schön reflektierte, die Körper wurden zunächst silbrig und dann transparent.
Die Königliche Akademie war einige Monate zuvor von den neuen Machthabern besetzt worden und tat nun Dienst als Kaserne für jene Garnisonen, die die Hauptstadt im Würgegriff hielten. Während das Modell sich auszog, schossen sich Scharfschützen auf Gipsrepliken von antiken Diskuswerfern, Denkern und geflügelten Frauen ein – ihre Schüsse hallten wider wie aufprallende Tennisbälle. Kohlmeisen hingen kopfüber in den Zweigen, um Tautropfen aufzufangen. Das Geräusch von Kreide auf Papier, ein Körper, Morgenlicht, hin und wieder das Brummen eines Löwen, der Schrei eines Adlers. Wie liebte Raoul diese gestohlenen Stunden. Nach dem gemeinsamen Zeichnen verließ man einzeln und auf verschiedenen Wegen den Zoo.

Anfang März wurde Raoul zur ersten Zeichenstunde eingeladen. Fünf Monate nachdem er sich in der Hauptstadt am Institut für Architektur an der Freien Universität eingeschrieben hatte. Diese wurde kaum zwei Wochen nach seiner Immatrikulation in Reichsuniversität umgetauft, und der Großteil der Professoren wurde durch *Huren* des neuen Regimes ersetzt, wie es am Eingang zur Fachgruppe Städtebau in eckigen Filzstiftbuchstaben hieß, die wenige Minuten später bereits ausgewischt waren. Die Anordnung seines Vaters erwartend, er solle umgehend nach Hause kommen, hielt sich Raoul – ganz der zurückhaltende junge Mann aus der Provinz – von der Gewalt fern. In seinem Dachzimmer mit Einzelbett und Waschbecken nahm er das Frühstück ein und ging danach ins Museum, um die flämischen Primitiven zu bestaunen. Die Frau, die die Eintrittskarten kontrollierte, ließ ihn umsonst hinein, nachdem sie ihn im Van-Eyck-Saal* hatte zeichnen sehen.

Wenn die Aufseher abgelöst wurden, setzte sie sich neben ihn und flüsterte: „Stecken Sie jetzt die Zeichenblätter weg." Und als er sie voller Unverständnis ansah: „Jetzt. Weg damit." Er steckte die Blätter in seine Aktentasche. Der neue Aufseher kam in den Saal, die Hände auf dem Rücken verschränkt. Er schaute zu beiden herüber wie eine Katze, die eine Maus beäugt: haarscharf vorbei.

Als er sich in den nächsten Saal entfernt hatte, flüsterte sie: „Ihre Tasche."

Er gab ihr seine Aktentasche.

Als er nach Schließung des Museums auf dem Museumsplatz in das grelle Sonnenlicht blinzelte, stellte sie sich neben ihn, hakte sich bei ihm unter und dirigierte ihn zur nächsten Café-Terrasse.

„Ich möchte gerne Tee", sagte sie.

Noch bevor sie ein Glas hatte, sagte sie: „Gestern wurden vier Leute verhaftet, in genau dem Saal, in dem Sie gezeichnet haben."

* Wörter, die mit einem * markiert sind, werden im Anhang im Glossar erläutert.

„Verhaftet."
„Von der Polizei, ja. Verhaftet."
„Ich wusste nicht, dass das verboten ist. Geht es um die Urheberrechte oder ..."
„Es geht nicht um Urheberrechte oder so etwas." Sie schüttelte verärgert den Kopf. „Rooibos", sagte sie zum Ober. „Ich trinke nur Rooibos-Tee." Sie lächelte ihm zu.
„Warum machen Sie das?", sagte er.
„Mache ich was?"
„Mir das erzählen. Über die vier ..."
„Vergessen Sie es einfach. In Ordnung?"
Während sie den Teebeutel am Faden um ihren Löffel wickelte und ausdrückte, fragte sie: „Welches Kunstwerk mögen Sie denn am liebsten?"

Jeden Tag setzte sich Raoul auf eine Bank, jedes Mal vor ein anderes Gemälde und betrachtete es stundenlang, ohne sich zu bewegen, die Hände auf den Beinen ruhend. Oder besser gesagt: Er ließ das Gemälde ihn betrachten. Bis aus seinem rechten Arm eine unsichtbare rechte Hand wuchs, die zwischen Zeigefinger, Mittelfinger und Daumen eine unsichtbare rote Pastellkreide festhielt, mit der er auf einem nicht-existierenden Papier die ersten Entwürfe machte.

Er sagte: „Der Teppich auf dem Gemälde von Van Eycks *Madonna des Kanonikus van der Paele*, die Berührung der Hände von Mutter und Kind auf demselben Gemälde, der Knick in der Hüfte von *David*, dieser wunderbaren Skulptur von Donatello*. Die Röte auf den Frauenwangen auf einer der Seitentafeln des *Moreel-Triptychons*, gemalt von Hans Memling ..."

Ihre Augenbrauen hoben sich. „Nein, ich meinte: Was ist Ihr Lieblingsbild hier im Museum?"

„Bislang habe ich nur fünf Gemälde angeschaut. Wirklich angeschaut."

Sie zögerte kurz und fragte dann: „Hast du eine Freundin?"

Er wurde rot.

„Das habe ich mir schon gedacht", sagte sie.

Sie dachte: Entweder ist er ein kompletter Vollidiot, oder er wird der Beste, den wir jemals gehabt haben. Der Allerbeste.

Wenige Tage später erzählte sie ihm von den Zeichenstunden nach lebendem Modell im Zoo.

Raoul stand vor Tagesanbruch auf, frühstückte, nahm seine Aktentasche und ging, wie verabredet, zum Seiteneingang, wo bereits eine Gruppe Männer wartete, schweigende Männer, die Hände in den Taschen, mit hochgezogenen Schultern. Als er sie begrüßte, drehten sie ihm ihre Oberkörper zu, betrachteten ihn kurz und wendeten sich wieder zum Eingangstor. Es war zu dunkel, um ihre Gesichter erkennen zu können.

Die Frau aus dem Museum wurde von zwei rauchenden Männern begleitet.
„Das ist Raoul. Und dies hier sind Herbert und Daniel."
„Und Sie?", fragte Raoul.
Herbert lachte und Daniel zog eine Augenbraue hoch.
„Sarah", sagte sie. „Mit der Betonung auf dem zweiten a."

Das Ausweichgehege der Löwen befand sich hinter den Löwenkäfigen und wurde durch hohes Schilf vor den Besuchern abgeschirmt. Der Weiher lag voller Blätter und Zweige, Schwalbennester hingen wie modellierte Trauben unter dem Vordach. Herbert schaltete die Wärmelampen an, die zunächst eine rote und kurz darauf eine gelbliche Hitze ausstrahlten. Daniel setzte sich auf einen der Felsblöcke und legte Papier und Bleistift bereit, nachdem ein Mädchen mit Sonnenbrille einen älteren Mann begrüßt hatte. Das Mädchen mit der Sonnenbrille nickte Raoul zu, der ältere Mann hatte einen kräftigen Händedruck. Es schien, als würde das Mädchen mit der Sonnenbrille

ihn anstarren, das Kinn auf die Hand gestützt, aber die Gläser waren zu dunkel, um die Augen zu sehen.
„Hier ist es am besten“, sagte Daniel.
Sarah setzte sich auf den mittleren Felsen, öffnete Schnallen und Knöpfe und ließ die Jacke über ihre Schultern bis auf ihre nackte Taille gleiten.
Im silbrig aufziehenden Licht.
Wurde sie selbst Silber.
Und als die Sonne aufzog, wurde sie transparent.
Raoul zeichnete sie mit weißer und gelblicher Kreide auf weißes Papier, zarte Andeutungen von Konturen – nur ihre Schulterlinie, das Profil; den Hals deutete er mit kaum sichtbaren Farbwölkchen an, wie Schatten. So wie sie war, kurz bevor das Licht durchbrach. Sarah bewegte sich keinen Millimeter. Sie schaute auf einen Punkt in der Ferne. Das Geräusch von Kreide auf Papier, hin und wieder das Brummen aus dem Nachthaus der Löwen, der Schrei eines Adlers.

Raoul spürte, wie dicht sie hinter ihm stand, das Mädchen mit der Sonnenbrille, wie sie sich über ihn beugte, um die Zeichnung besser sehen zu können, woraufhin es ihm nicht länger gelang, etwas aufs Papier zu bringen. Als er aber rasch über die Schulter blickte, saß sie immer noch an der gleichen Stelle, mit dem Kinn in der Hand, die Gläser zu dunkel, um die Augen sehen zu können.

Sarah zog die Jacke wieder hoch und jeder verstaute seine Blätter, die Pastellkreide und die Bleistifte. Der alte Mann gab Raoul die Hand. Das Mädchen mit der Sonnenbrille sagte: „Bis bald.“ Sarah und Daniel sprachen leise miteinander. Herbert legte eine Hand auf Raouls Schulter und sagte: „Folge mir, aber mit Abstand. Wir kennen einander nicht.“ Sarah winkte Raoul zu, ohne ihn anzuschauen.

Wir kennen einander nicht.

Herbert hatte die linke Hand in der Hosentasche. Er atmete den Zigarettenrauch aus, indem er seinen Kopf beim Gehen zurücklegte. Der Zoo war noch geschlossen, trotzdem liefen überall Leute herum, ausschließlich Männer, manche in Arbeitskleidung, andere im Anzug, nicht gehetzt, aber zielgerichtet.
Bei den Käfigen der Tapire sah Raoul einen Mann, der sich zurücklehnte, um Herbert hinter einem Baum vorbeigehen zu sehen, danach schlug er mit dem Daumen das Revers seiner Jacke um und sprach etwas hinein. Er lehnte sich noch weiter zurück und gab wieder etwas durch, nickte.
„Entschuldigung."
Zuerst tat der Mann so, als habe er Raoul gar nicht bemerkt.
„Haben Sie Feuer?" Raoul sprach laut genug. Er sah, dass Herbert ihn gehört hatte, erkannte es an der Seitwärtsbewegung seines Kopfes. „Ich habe mein Feuerzeug vergessen." Raoul schaute auf die Kippe zu Füßen des Mannes.
Der Mann kramte sein Feuerzeug hervor und gab ihm Feuer. Er schaute über die Schulter, aber Herbert lief schon nicht mehr auf dem Hauptweg.
Raoul sagte: „Können Sie mir helfen? Ich suche das Gehege der ..." Der Mann eilte davon. Er hinkte nicht wirklich, sein Gang erinnerte eher an eine Art Drill. Er hielt den Kopf schräg, ununterbrochen im Gespräch mit seiner Jacke.

Sarah war am folgenden Tag nicht im Museum. Raoul versuchte vor der *Madonna des Kanonikus van der Paele* sitzen zu bleiben, aber es gelang ihm nicht, sich auf das Bild zu konzentrieren.

An der Universität wurde der Unterricht wieder aufgenommen. Es gab jetzt deutlich weniger Studenten, manche Seminare waren kaum besucht. Die neuen Dozenten taten so, als wäre das völlig normal, verschwanden aber nach ihren Seminaren auffallend schnell. Jeden Abend schaute Raoul beim Treppensteigen, ob ein Brief mit einer Anweisung des Vaters vor seiner Tür läge.

Immer häufiger sah er, wie Daniel, der auch Architektur studierte, im Universitätspark mit feinen Nylonfäden zu Gange war, als wollte er von den Spinnweben lernen, wie man ein Haus entwerfen könnte, bei dem die Räume nicht länger durch Wände getrennt wären, sondern durch schlanke, weiße Pfeiler, dünn wie Fliegenbeine, die nach einem ausgeklügelten System platziert wurden. Und alle Möbel wären auf Rädern montiert. Dadurch könnten die Menschen ihr Haus selbst unterteilen, je nach ihrer Stimmung. Veränderbarkeit. Daniel und sein Lächeln. Seine leise Stimme. Die Finger, die ununterbrochen alles betasteten. Die Höflichkeit, mit der er die Tür aufhielt, um anderen den Vortritt zu lassen. Sein Traum von einer veränderbaren Welt.

„Kennst du den kleinen Park hinter dem Zoo? Niemand kennt ihn. Vollkommen verwildert. Dort male ich oft nach der Natur. Kathedralen, gestützt von Sonnenstreifen und -balken, gebaut aus Sonnenlicht, das durch eine Baumkrone fällt."

Es war Daniel, der Raoul darüber informierte, dass man Sarah versetzt hatte.

Eines Tages zeigte er Raoul in der Eingangshalle das Fenster, das seiner Meinung nach das Erscheinungsbild des ganzen Gebäudes prägte, als der letzte fortschrittliche Professor ging, flankiert von zwei uniformierten Männern. Alle Studenten blieben stehen, schauten den dreien hinterher. Sie stiegen in einen Wagen – einer der Uniformierten drückte den Kopf des Professors beim Einsteigen nach unten. Einige Studenten applaudierten sogar. Daniel und Raoul sagten nichts, spürten aber, wie die Atmosphäre unwiederbringlich umgeschlagen war.
Am nächsten Tag hatte man die Mauern der Universität schwarz angestrichen. Zuerst dachte Raoul, es wäre ein Akt des Widerstands gewesen. Bis er begriff, dass kein Filzstift es jetzt noch mit diesem Schwarz aufnehmen konnte.
Hin und wieder zeichnete Raoul nach lebendem Modell. Die Morgenstunden im Zoo. Frauen, deren Namen er nicht erfuhr, aber die so blass waren, dass sie nicht zu existieren schienen. Keine der Frauen sah er hinterher noch einmal. Nur das Mädchen mit der Sonnenbrille war jedes Mal dort. Sie rauchte schweigend. Und beugte sich über Raouls Schulter, sogar wenn sie mehrere Meter entfernt hinter ihm saß.

Eines Tages lehnte Herbert rauchend an einer Säule und wartete auf Raoul.
„Nicht hier", sagte er und ging in aller Ruhe weg, die Hand in der Hosentasche.
Auf dem hektischen Bahnhof reihte er sich dann in eine lange Schlange ein und winkte Raoul mit dem Kopf zu.
„Wo ist Sarah?", fragte Raoul.
Herbert sagte nur: „Heute, Schließzeit, an der üblichen Stelle."
Er schob Raoul zur Seite und schaute auf die Anzeigetafeln.

Natürlich war Raoul rechtzeitig bei den Ausweichgehegen der Löwen. Es war ein Abend, an dem Gänse wie dickbäuchige, geflügelte Flaschen in V-Formation am Himmel vorüberzogen.
Die Sonne ging unter.
Ruhe senkte sich über die Käfige.
Über dem Weiher drehte eine Fledermaus ihre Runden.
Raoul blieb unbeweglich hocken.
Wie er anfängt, sich im Dunkeln aufzulösen, an diesem mondlosen, bewölkten Abend. Wie dieser zurückhaltende Junge aus der Provinz zu einem Teil der Nacht wird, die er sich jetzt noch gar nicht vorstellen kann.

Raoul konnte die Hand nicht vor den Augen sehen. Das Aufflackern eines Feuerzeugs. Das Mädchen mit der Sonnenbrille. Sie nahm ihn mit auf den Heuboden der Katzenartigen, über dem Gehege der Löwen, die sie durch die Decke schnauben und brummen hörten.
Sie flüsterte: „Alles ist in Ordnung."
Eine Hand auf seinem Rücken. Einige Schritte.
Sie flüsterte: „Warte kurz."
Er hustete.
„Neben dir steht ein Stuhl."
Er setzte sich. Die Aktentasche auf den Knien. Seine Knie aneinander gepresst.
Ihm den Rücken zuwendend, entzündete sie zwei Gaslichter. Dann stand sie aufrecht, drehte sich um und ging einen Schritt nach hinten, so dass sie sich ganz im Licht befand.
Sie trug ein langes, schwarzes Kleid.
Sie war kein Mädchen, sondern eine Frau.
Mit einer Sonnenbrille.
Was konnte Raoul sagen? „Sie sind so ..."
Elegant, dachte er. Niemals zuvor, dachte er, habe ich jemanden getroffen, der so elegant aussieht.
Eine lange Stille.
Schließlich.
„Würden Sie die Augen kurz schließen?"
Er schloss seine Augen beinahe vollständig. Was er durch die Wimpern noch sah, nahm ihm den Atem.
Die Art, wie sie die linke Hand ans Oberteil ihres Kleides hielt,

um es nicht herunterfallen zu lassen, während sie den Reißverschluss an der Seite öffnete.
Die Art, wie sie einen Träger des Kleides von ihrer Schulter schob.
Die Art, wie sie das Kleid hinunterrutschen ließ, den Kopf zur Seite, die Haare vor ihrem Gesicht.
Die Art, wie sie aus dem Kleid stieg.
Die Art, wie sie die Schuhe von den Füßen streifte.
Die Art, wie sie, die Arme hinter dem Körper, ihren BH öffnete.
Die Schultern nach vorn, während sie den BH auszog und einen Arm vor die Brüste hielt.
Die Scham, mit der sie ihren Slip auszog, wie sie ihn über die Beine schob und sich hinsetzte, immer noch mit abgewandtem Gesicht und nach vorn gebeugten Schultern. Die Sonnenbrille immer noch auf.
Raouls linke Hand auf der Aktentasche. Seine rechte Hand schwebend in der Luft.
„Schau nur“, sagte sie.
Und er öffnete seine Augen ganz.
Eine sitzende Frau, nackt, aber mit Sonnenbrille, ihm zugewandt, aber im Profil, gestützt auf die rechte Hand, die Knie übereinandergeschlagen.
Raoul entriegelte eilig die Aktentasche auf seinen Knien – er hoffte, sie würde seinen Herzschlag nicht hören –, zog seine Jacke aus, nahm das Zeichenpapier und die Kreide heraus und legte das Papier auf die Aktentasche.
Er saß da, ohne sich zu bewegen.
Seine Hände ruhend auf der Aktentasche.
Ein- und ausatmend.
„Funktioniert es?“, fragte sie.

Er schaute.
Schaute.
Auf den Herzschlag an ihrem Hals.
Die Röte auf ihrem Hals.
Der Herzschlag an ihrem Hals.
Da bog sie sich weiter, legte sich auf die Seite und senkte den Kopf auf die Handfläche.
Nach unten blickend.
Atmete ein.
Ihre kleinen Brüste.
Ihr Nabel.
Sie zog das obere Bein nach hinten, so dass das Licht auf ihren Bauch fiel.
Auf den Streifen Haar unter ihrem Bauch.
Raoul schaute.
Auf die leuchtende Wölbung ihrer Hüfte.
Und dann kehrte sein Blick zurück.
Liegend drehte sie ihren Kopf ins Profil.
Ihr Hals.
Sie nahm die Sonnenbrille ab.
Sie schüttelte die Haare. Strich sich die Haare aus dem Gesicht.
Und dann wandte sie sich Raoul zu.
Und schlug die Augen auf.
Und schaute ihn an.
Um ihm deutlich zu machen, dass sie sah, wie er sie anschaute.

Was war mit ihren Augen?

Wie lange hatte er ihre Augen angeschaut, die Kreide wenige Zentimeter über dem leeren Blatt in der Schwebe? Ohne dass

sie ihre Augen auch nur einmal niedergeschlagen hatte. War das ein Lächeln, wie klein auch immer? Oder war es Schmerz? Oder eine Form des Glücks, die er noch nicht kannte?
Beider Blicke.
Plötzlich drehte sie sich seitwärts zu einem der Gaslichter und drehte es ab. Sie nahm ihre Kleider und hielt den anderen Arm vor die Brüste. Sie schaute ihn nicht mehr an.
„Sie können jetzt nicht nach Hause. Dort ist eine Matratze."
Raoul steckte die Papiere in seine Aktentasche und ging zur Matratze. Kurz dachte er, hoffte er ... Im Augenwinkel sah er: ein aufleuchtender Fleck nackter Haut, das Gaslicht, das sie zu einer anderen Matratze mitnahm.
Dunkel.
Er legte sich auf den Rücken.
Minuten später sagte er: „Gute Nacht."
Aber er bekam keine Antwort.
Er legte sich auf die Seite.
Mit weit geöffneten Augen.

Als Raoul aus dem Schlaf aufschreckte, war sie bereits angezogen. Einschließlich der Sonnenbrille. Ein langer, schwarzer Mantel fiel locker über das Kleid. Bis auf die hohen Absätze hinunter.

Neben ihr stand Herbert. Der Raoul kurz zunickte und sagte: „Du brichst erst in einer Stunde von hier auf. In einer Stunde, keinesfalls früher."

Sie stand neben Raoul.

Herbert ging zur Tür. „Und nimm den Schlüssel mit, ja? Raoul? Hörst du?"

„Ich danke dir", sagte sie und reichte Raoul die Hand.

Herbert ging nach draußen.

Und dann rückte sie näher an Raoul heran, küsste seine Wange, neben den Mundwinkel, und flüsterte: „Niemals, wirklich niemals hat mich jemand so angeschaut, wie du es getan hast. Behältst du das bitte in Erinnerung?"

Herbert steckte den Kopf wieder herein.

Sie stand einen Meter von Raoul entfernt. Sie drehte sich um und lief aus seinem Leben.

Ist es denkbar, dass jemand, mit dem man nie zuvor gesprochen hat und dessen Namen man nicht kennt, dass der Verlust von so jemandem nach nur einer Nacht deinem ganzen weiteren Leben Sinn gibt?
Ich kann es nicht anders sagen: Sinn gibt.
Nur eine Nacht?

Raoul brach früher vom Heuboden auf als befohlen, früh genug um zu sehen, wie sich Scharfschützen auf dem Dach seines Zimmers positionierten und Polizisten aus seinem Fenster schauten.

Raoul verbarg sich in dem kleinen Park hinter dem Zoo. Bis Daniel vorbeikam, ihn im Kofferraum versteckte und ihn wegbrachte. Stundenlang im Kofferraum auf einem Parkplatz. Raoul wurde zu dem alten Mann gefahren, der nach jedem Satz nach Luft schnappte, so erschöpft war er.
Als Raoul von dem Mädchen sprach, hob der alte Mann seine Hand. Die Hand zitterte. Er schüttelte den Kopf.
Raoul fragte: „Wie hieß sie?"
Der alte Mann nannte ihren Namen. So leise sprach er den Namen seiner Tochter aus, als hätte er Angst, sie würde dadurch noch einmal sterben.
Danach spie der alte Mann einen anderen Namen aus: Herbert. Ohne darüber nachdenken zu müssen, breitete sich sein zukünftiges Leben vor Raoul aus. Die Entscheidung. Von jetzt an. Zum Äußersten bereit. Ohne ein Wort darüber zu verlieren.
Der alte Mann blickte Raoul an, umarmte ihn. Stinkend vor Schmerz.

Von diesem Tag an lebte Raoul in permanenter Bewegung, jeden Tag in einer anderen Vermummung, unter einem anderen Namen: Wir, die wir uns selbst die *Erste Katze von Istanbul* nennen, weil wir überzeugt sind, dass sie uns nie werden ausrotten können, jene die ausrotten, aber mit jedem Schuss irgendwo auf der Welt jemand Neuen aufwecken. Eine neue Katze.

Das Mädchen mit der Sonnenbrille. Ihr Name, den man nicht aussprechen durfte, um ihren Tod nicht zu vermehren. Sie stand in allen Zeitungen, kam in allen Nachrichten. Die Frau in Schwarz. Die schwarze Witwe. Sie, die den Großen Führer ums Leben bringen wollte. Sie wurde erschossen, bevor das Auto des Führers die Kurve erreicht hatte, die er jeden Tag in seinem offenen Wagen passierte, weil er so vor Augen führen wollte, dass er keine Eskorte benötigte, dass das Volk ihn so fürchtete, dass niemand auch nur daran zu denken wagte ihn ... den Großen Führer ... der noch am gleichen Tag, lachend vor der Kamera, spielend mit der Kamera, im Profil, sagte: „Wir sind sicher."
Er, der Jagd auf seine Feinde machte wie auf Ratten: Zünde nicht die Ratte an, auch nicht das Nest der Ratte, lass es an beliebigen Orten brennen, so dass die Ratte denkt, keine Fluchtmöglichkeit mehr zu haben. Greife dann zu.
Verstümmele,
zerquetsche,
vernichte die Ratte.

Einmal sah Raoul Herbert, der eine Uniform trug und auf der Rückbank einer Limousine saß. Raoul stand an der Ampel, sein Blut gefror, aber er konnte die Augen nicht von Herbert abwenden. Das Auto setzte sich in Bewegung, hielt nach einigen Metern an, fuhr nach wenigen Sekunden weiter. Diese Sekunden. Kurz stoppen, dann Gas geben: Was sollte man davon halten, man wusste es nicht, hörte auf zu denken.

Raoul war nicht der Bombenleger, nicht der Saboteur, nicht derjenige, der die Pläne entwarf, nicht der Soldat. Er war der Funktionär, oder weniger fein ausgedrückt: der Menschenhändler, denn gewiss, es musste verhandelt werden, unterhandelt, geschachert, umworben und gebrüllt, bezahlt und gestohlen, erpresst und bedroht und auch mitleidslos bestraft werden, um Flüchtling X von A nach B zu bekommen. Fluchtwege und Schmuggelrouten. Wie man es aus Filmen kennt, nur noch viel schmutziger, hinterhältiger und härter und manchmal schrecklich banal. Er tat Dinge, die er nie für möglich gehalten hätte. Schachspieler, Psychologe, Infiltrant, Arschloch – wenn es sein musste.
„Haben Sie Kinder?"
„Ich habe zwei, einen Sohn und eine ..."
„Möchten Sie sie aufwachsen sehen?"
„Wie bitte?"
„Möchten Sie Ihren Sohn Herbert Jr. und Ihre Tochter Lili aufwachsen sehen?"
In wie vielen Varianten sprach Raoul diesen Satz aus?

Raoul brach nicht offiziell mit seiner Familie, er suchte einfach keinen Kontakt mehr und wurde unsichtbar. Zum einen ihrer Sicherheit wegen. Zum anderen, weil er zum ersten Mal das Gefühl hatte, zu leben – vielleicht muss man sich seiner Familie entledigen, um endlich zu sehen, wer man ist. Romantischer Unsinn. Wer der Revolution dient, bezahlt mit seinem Leben, das ist der Preis. Punkt. Du gibst dein altes Leben auf. Punkt. Um etwas Neues und Größeres zu ermöglichen. Ausrufungszeichen. Eines Tages stand sein Stiefbruder vor ihm – ein vollkommenes Rätsel, wie er Raoul, den Unaufspürbaren, der sich in

Luft auflöste, hatte finden können. Als sie einander umarmten, merkte Raoul, wie sehnig und fest der Körper des Jungen geworden war.
„Wir haben nur wenig Zeit. Zu gefährlich. Du kannst dir nicht vorstellen, wie viel Geld du wert bist, Erste Katze von Istanbul." Der Bruder legte seine Hände auf Raouls Wangen.
Und bevor Raoul danach fragen konnte: „Mama ist vorige Woche gestorben. Im Schlaf. Sie bat mich, dir einen Kuss zu geben."
Eine minutenlange Umarmung.
„Wie hast du mich gefunden?"
„Das kann ich dir nicht erklären, aber glaube nichts von dem, was du über mich hören wirst. Versprichst du das?"
Der Bruder stieg auf ein Motorrad. Obwohl die für gewöhnliche Bürger verboten waren.
„Wie kommst du in Gottes Namen an ein Motor..."
„Vertrau mir", sagte er.
Er setzte den Helm auf. Gab Gas.
„Erster Hund von Afrika", sagte er. „Das ist mein Name."
Das Letzte, was der Bruder sagte: „Deine Augen."
„Was sagst du?"
„Deine Augen haben sich vollkommen verändert."
Der Kies flog auf, als er anfuhr und auf dem Hinterrad davonraste.

Das Zimmer liegt auf der Südseite und vielleicht sind die Fensterläden deshalb am Mittag geschlossen, allerdings so, dass man die Geräusche von der Straße noch hört und man, wenn sich die Augen ans Dunkel gewöhnt haben, den Mann auf dem Bett sehen kann.
Raoul liegt auf der Decke, Jacke und Schuhe noch angezogen. Vielleicht war er müde und ist nach seiner Ankunft sofort eingeschlafen – würde man näher herangehen, könnte man seine weit geöffneten Augen sehen und die beiden Hände in den Jackentaschen, wie er seine Arme steif gegen seinen Körper presst und sich hin und wieder auf die Unterlippe beißt, als würde er eine Entscheidung treffen. Es ist Jahre her, dass er hier gewesen ist, viele Namen her: so viele Namen und dazugehörige Körper, die kamen und wieder gingen.

Danach sitzt Raoul eine Weile an einem kleinen Tisch am Fenster, einen Kugelschreiber in der Hand. Er blickt durch die Ritzen zum Zoo auf der anderen Seite der Straße, der versteckt hinter einer verwitterten Backsteinmauer liegt, über die die schweren Zweige der Eichen herabhängen. Durch zwei Baumkronen sieht er die Gehege der Katzenartigen – den Lageplan des Zoos kennt er auswendig. Nach einer Weile legt er sich wieder aufs Bett, ohne jedoch Schuhe oder Jacke auszuziehen, die Hände in den Jackentaschen.

Draußen fangen Hunde an zu bellen. Raoul schaut durch die Fensterläden. Ein weißer Hund steht auf seinen Hinterpfoten

und springt die Mauer an, während ein schwarzer Hund die Vorderbeine streckt und mit erhobenen Kopf etwas anbellt, das im Blätterdach versteckt ist. Sie hören selbst dann nicht auf, als ein schwarzer Lieferwagen langsam vorbeifährt. Der weiße Hund ist völlig außer sich und springt so hoch, dass er beim Herunterfallen auf der Seite landet, aber er schmeißt sich schon wieder gegen die Mauer. Auf der Mauer liegt eine Katze. Eine weiße Kurzhaarkatze. Sie macht sich nicht einmal die Mühe, die Hunde zu beachten.
Der Lieferwagen fährt durch einen Seiteneingang in den Zoo hinein. Wenige Sekunden später schließt sich das Tor wieder. Durchs Blätterdach sieht Raoul den Wagen. Die Katze ist verschwunden und die Hunde rennen, ihr hinterherbellend, die Mauer entlang.
Wenige Minuten später fährt der Lieferwagen abermals durch das Tor und gleitet surrend vorbei. Die Bäume. Die Dächer der Wildkatzengehege.

Raoul nimmt seine Aktentasche und verlässt das Zimmer.

Raoul passiert die gefurchten Innensäulen unter dem Frontispiz und nimmt die Marmortreppe nach unten. Im großen Saal bleibt er unter der grob verputzten Decke stehen, die durch ihre Bemalung echten Stein vortäuscht. Wie immer müssen sich seine Augen erst an das Licht der Terrarien gewöhnen, die dunkleren Löcher in den Nischen. Er geht zur *Ptyas mucosa*: ein mit Mulch umrandetes Wasserbecken, Wurzeln, Blätter, die die Rattenschlange unsichtbar machen. Die linke Seite der Scheibe ist beschlagen.

Leute kommen allein oder zu zweit die Treppe herunter, mit gedämpften Stimmen, schieben sich an den Nischen entlang. Manchmal bleibt jemand stehen, verlagert sein Gewicht vom linken auf das rechte Bein, Gesicht und Arme in einer weichen Glut, wie von innen erleuchtet – Jochbeine, Augenhöhlen, Stirnen. Die Schlangen haben sich um die Baumstümpfe gewunden oder tasten träge, mit zischelnden Zungen, den Boden ab. Die weißen Steine phosphoreszieren. Es gibt keine Bänke, auf denen man stundenlang in dieses träge Licht untertauchen könnte.

Raoul betrachtet die Felsstruktur, die Grotte, in der Wasser aus den Bodenfliesen quillt, schwarzglänzende Pfützen, die jede Stunde aufgewischt werden. Über der Grotte erhebt sich ein griechischer Tempel; auf Säulen wie die Klauen eines Vogels, der jeden Augenblick die Grotte aus der Erde ziehen wird. Die Luft ist feucht. In seiner rechten Hand hält er die Aktentasche. Er spaziert auf die andere Seite des Saals und zählt dabei die

Schritte. Eine Frau stellt sich vor die Nische mit den Pythons, das Licht bildet eine Aureole um ihre Haare.

Das Klappern eines Eimers. Jemand vom Reinigungspersonal putzt in einer Ecke des Raums, nimmt den Lappen vom Schrubber und wringt ihn aus. Nach einigen Minuten hat er die Rautenpythons erreicht. Während er den Lappen über den Schrubber legt, sagt er: „Achtzehn." Raoul zählt bis zwanzig, geht zu den Treppen und verschwindet.

„Achtzehn, genau“, nickt Raoul bestätigend an der Hotelrezeption. Er klemmt den Hörer zwischen Schulter und Wange und legt die Aktentasche auf die Ablage. „Können Sie das bitte noch einmal wiederholen?“ Er beißt sich auf die Unterlippe. „Vielen Dank.“ Er legt den Hörer auf und geht weg.

Wenig später klopft es an der Tür seines Hotelzimmers.

„Ihre Tasche, mein Herr.“

„Natürlich. Wie dumm von mir.“

Die Frau bleibt in der Türöffnung stehen. Betrachtet seine Augen.

„Möchten Sie hereinkommen?“

„Nein, ich muss noch ...“

Mit wenigen Schritten ist er bei ihr. „Sind noch andere Leute im Hotel?“

Sie schüttelt den Kopf. Was hat es nur mit seinen Augen auf sich?

Durch die Ritzen der Läden sieht er das Türmchen auf dem Gehege der Katzenartigen. Er kniet sich hin und holt unter dem Bett eine zweite Aktentasche hervor. Wenig später sitzt er am Tisch mit einem Stapel Personalausweise in den Farben der schwedischen Flagge. Achtzehn, in zwei Päckchen zu je neun.

Er steht vom Stuhl auf und presst sein Ohr an die Wand. Rasch nimmt er die Ausweise vom Tisch, schiebt sie unter sein Kissen und legt sich aufs Bett.

Es klopft.

Die Frau steht im Halbdunkel und hält ein Tablett in den Händen, geht am Bett entlang zum Tisch und stellt Kaffeekanne und Tasse nebeneinander ab.

Raoul steht beim Affengehege und trägt eine Plastiktüte unter dem Arm. Er raucht. Nach einer Weile kommt jemand dazu und beginnt neben ihm zu fegen. Raoul stellt die Plastiktüte auf dem Boden ab.
Der Mann hält den Besen still: „Heute Abend?“
Raoul wirft die Kippe auf den Boden und schiebt sie mit dem Schuh in Richtung der Borsten.
Der Mann mit dem Besen deutet mit einem Kopfnicken auf einen Wächter.
„Aber ...“
„Kein aber“, sagt Raoul und geht weg.
Der Mann fegt die Plastiktüte auf ein Kehrblech, wirft alles in eine grünliche Tonne und geht in eine andere Richtung davon.
Der Wächter verschwindet durch eine Tür.

Paviane mit wehenden Mähnen und Hintern aus rosa Plastik. Sie lausen einander, während das Alphamännchen wie ein Hund auf und ab stolziert. Flamingos auf einem Bein, den Kopf auf den Rücken gefaltet. Die Melancholie des Silberrückens, der auf seinen Fäusten ruht.
Kurz bevor Raoul die Voliere der Papageien erreicht hat, berührt ihn jemand an der Schulter.
Einige Sekunden Stille.
Raoul lächelt. „Herbert“, sagt er.
Ein paar Meter weiter fegt ein Mann schweigend den Weg.
Herbert kneift etwas zu fest in Raouls Schultermuskulatur.

Raoul holt ein Päckchen Zigaretten hervor und hält Herbert eine Zigarette hin.
Sie laufen über die Brücke, zu den Käfigen der Tapire und Nilpferde.
„Noch immer dabei, die Welt zu retten?“, sagt Herbert.
„Ich wäre froh, wenn das mehr Menschen täten.“
Herbert bläst Rauch in die Luft und schaut auf die Zigarette. „Ich wäre froh, wenn das mehr Menschen täten.“ Er wiederholt den Satz, um die Worte besser zu schmecken.
Herbert schreitet, die Hände auf dem Rücken, am Tigerkäfig entlang zur Betonmauer. Männer, Frauen, Kinder, rasche Blicke in Richtung Uniform. Herbert geht voran. Herberts schwarze Lederstiefel, seine auf dem Rücken gefalteten Hände, in denen die blütenweißen Handschuhe liegen, die Pilotenhose, die tadellose Jacke. Herbert bleibt stehen und beugt sich vor, die Ellenbogen auf dem Rand des Betons, ein Fuß auf einem hervorspringenden Stein. Raoul stellt sich neben ihn. Sie schweigen.
Sie stehen am Gehege der Katzenartigen, schauen schweigend zu den dösenden Löwen hinüber. Eine Löwin läuft zwanghaft ihre Runde ab. Das grüne Wasser, der liegende, gehäutete Baumstamm mit den Kratzspuren, die mit dicken Schnüren umwundenen Bäume, der stufig aufsteigende Zugang zum Löwenhaus, der mit Efeu überwucherte Betonpalast.
Raoul schiebt seine Hände tief in die Taschen. Er versucht, nicht in Richtung des Gebäudedachs zu blicken.
„Also“, sagt Raoul.
Aber Herbert schweigt weiterhin.
Das Holster am Lederriemen. Der Kolben der Waffe.
Nein, denkt Raoul, nein, nein, nein.
Er ist am Ende, denkt Herbert.

Nicht in Richtung des Speichers schauen, denkt Raoul.
Es wird nicht mehr lange dauern, bis er zusammenbricht, denkt Herbert.
Raoul: Ich muss etwas sagen, irgendetwas Banales.
Herbert: Geduld, Geduld, dann schnappen wir sie alle.
Raoul zündet eine neue Zigarette an.
Herbert richtet sich auf, wischt mit den Handschuhen den Staub vom Anzug und blickt Raoul an.
„Also", sagt Herbert.
Er packt Raoul an den Schultern. „Dankeschön für die Unterhaltung."
Er dreht sich um und geht, geschmeidig, an Männern, Frauen und Kindern vorbei, die ihm hinterherschauen, vorbei an den Volieren der Adler und vorbei an dem neoklassizistischen Häuschen, wo früher heiße Waffeln und rotglänzende kandierte Äpfel verkauft wurden.

Raoul geht so normal wie möglich zurück zum Hotel. An der Rezeption sagt die Frau: „Es kam ein Anruf für Sie. Mit der Bitte möglichst schnell zurückzurufen.“ Und sie gibt ihm einen Zettel mit einer Telefonnummer.

Er spricht in den Hörer, hat ihr den Rücken zugewandt, hält die Hand vor den Mund.
„Was sagst du da? Was?“
Sein krummer Rücken. Die hochgezogenen Schultern.
Er schüttelt den Kopf.
„Du weißt, dass das unmöglich ist.“
Lauter: „Vollkommen unmöglich! Fünfunddreißig? Wir hatten achtzehn vereinbart. Ihr seid ...“
Er schlägt sich mit der flachen Hand auf die Stirn.
„Hallo? Hallo?“
Er legt den Hörer auf und läuft, ohne die Frau anzublicken, die Stufen hinauf.

Kaum eine Minute später rennt Raoul abermals an ihr vorbei, jetzt mit zwei Aktentaschen in Händen.
„Mein Herr!“
Er antwortet nicht, bleibt aber stehen.
„Herr Herbert hat Sie heute Abend zum Essen eingeladen.“
Raoul schaut über seine Schulter.
Rot, denkt er, ihre Lippen sind viel zu rot.
Sie sagt: „Er ist vor eineinhalb Stunden im Hotel angekommen.“

Und ihre Haare sind hochgesteckt. Und sie trägt ein anderes Kleid.
Und ihre Augen, was hat sie mit ihren Augen gemacht?
„Es sollte eine Überraschung sein“, beginnt die Frau.
Zu seiner eigenen Überraschung bricht er nicht zusammen.

Es fängt an mit einem Schrei und der Schrei hört nicht auf. Sirenen. Quietschende Bremsen. Männer, Frauen und Kinder versuchen, sich aus dem Staub zu machen, aber die Wege sind zu eng. Ein Schrei, der sich in konzentrischen Kreisen ausbreitet, über den Zoo schwappt. Die Paviane stehen auf den Hinterbeinen. Ein Löwe hebt den Kopf und schnüffelt, brummt, rennt nervös hin und her, schüttelt den Kopf. Instinktiv sammeln sich die Leute auf dem Hauptweg, wodurch sie die Durchfahrt komplett versperren und die Wagen mit den heulenden Sirenen kaum noch vorankommen.
Es ist vorbei, denkt Raoul, endgültig vorbei, aber trotzdem läuft er mit den Aktentaschen weiter, starr vor sich hinblickend. Eine der Uniformen ruft ihm etwas zu, aber er eilt über die Brücke bei den Adlern, taucht unter im dichten Grün ...
Der erste Schuss fällt, unmittelbar gefolgt vom Geheul der Masse.
Über dem Grün erhebt sich eine Rauchsäule, tiefschwarz und kerzengerade.
Fünfunddreißig, denkt er, fünfunddreißig Männer und Frauen und Kinder. Versteckt. Über dem Gehege der Katzenartigen. Auf dem Heuboden. Außerhalb des Bereichs der Löwen. Eine der Uniformen. Er riskiert es, mit den beiden Aktentaschen loszulaufen.
Unmittelbar vor ihm kreuzt eine Uniform seinen Weg, vornüber-

gebeugt, rennend, mit einer Waffe in den Händen. Er hat Raoul aus dem Augenwinkel gesehen, aber noch bevor er anlegen kann, schlägt Raoul mit ganzer Kraft auf ihn ein, mit der Ecke einer Aktentasche. Seine Augen, denkt Raoul, auf seine Nase und die Augen zielen, die Aktentasche klappt auf, aber er kann noch nicht aufhören. Rasch rasch klaubt er die Ausweise zusammen, versucht die Aktentasche wieder zu schließen. Ein Tapir läuft laut protestierend vorbei. Sie haben die Käfige geöffnet, denkt Raoul, sie haben wirklich die Käfige geöffnet, um das Chaos zu nutzen, und er taucht wieder ab in den Pfad, den Schleichweg, der zum Gehege der Katzenartigen führt.

Das palastartige Gebäude brennt lichterloh. Meterhohe Flammen schlagen aus dem Dach.

Hinter Raoul kommt ein Tiger aus dem Gebüsch und bleibt stocksteif stehen, blickt vollkommen verzaubert, kaum eine Hand weit weg von Raoul, auch ins Feuer.

Dann dreht sich alles. Raoul bekommt kaum noch Luft. Ein Schlag. Als würde eine Betonfaust einen kräftigen Schlag auf sein Brustbein austeilen. Im Fallen sieht er, wie der Tiger die Krallen in die Luft schlägt – todstill, er hört nichts mehr. Das Tier hat sich auf den Hinterpfoten aufgerichtet, schlägt die Krallen in die Luft und muss nun selbst einen Schlag einstecken, fällt, rappelt sich wieder auf, bekommt nun aber einen Schlag nach dem anderen ab und fällt hin, wenige Meter von Raoul entfernt fällt es auf die Flanke, und wo eben noch gestreiftes Fell war ist nun Brei, Masse, aus der die Rippen herausragen.
Und noch immer will Raoul weiter, die eine Aktentasche fällt

auf den Boden, öffnet sich, sein Arm wird taub, die andere Aktentasche ...

Und schließlich – er spürt es kaum – kommt der letzte Schlag.

Ruß.
Scheiße.
Blut.
Das alles riecht Raoul, noch bevor er sich wieder an seinen eigenen Namen erinnern kann.
Er hustet, aber krümmt sich dabei vor Schmerzen. Sein Kopf, die Rippen, der Rücken, die Beine. Nichts, das nicht schmerzt.
Es ist dunkel.
Er kann kaum atmen, so viel Schmerz.
Und dann plötzlich Licht, blendend weißes Licht, jemand zieht ihn an den Füßen weiter ins Licht, jemand anders richtet ihn auf und ...

So viel Licht.

„Raoul."
Das Geräusch sich nähernder Schritte.
Ganz nah: „Ich weiß, dass du mich hören kannst."
Die Stimme von Herbert.
„Hör genau zu, vor dir auf der Erde liegen Stift und Papier. Ich gebe dir Zeit bis fünf Minuten vor Mitternacht. Keine Sekunde länger. Ich will alles, Raoul, alles. Namen, Telefonnummern, Adressen, Decknamen, alles, das ganze Netz."
Raouls Augen tränen.
„Das Gebäude ist voller Sprengstoff, wirklich das ganze Gebäude. Oder besser gesagt, die ganze Ruine. Jede Säule, die noch gerade steht. Nur der Heuboden nicht."

Mit einer Kinderstimme: „Warum nicht der Heuboden?“ Seine normale Stimme: „Weil der Heuboden abgebrannt ist. Um Mitternacht fliegst du in die Luft, es sei denn, du …“
Stille.

Das Rasseln einer Kette. Raoul stöhnt.
„Jetzt ist es zwölf nach neun.“
Stille.
Das Knirschen von Lederstiefeln.
Das Geräusch von Schritten.
Eine Metalltür, die sich öffnet und wieder schließt.
Das Geräusch eines startenden Motors.
Das Auto fährt weg.

„Wissen Sie, was ich wirklich nie vergessen werde, Herr Herbert?"
Herbert neigt den Kopf zur Seite und hält sein Glas zwischen Zeigefinger und Daumen. „Ich bringe einen Toast aus auf das, was eine Dame wie du nie vergessen wird."
Sie lacht. Sie nimmt ihr Glas ebenfalls zwischen Zeigefinger und Daumen und sie stoßen an.
„Meine Katze", sagt sie. „Sie saß auf der Mauer, weil sie wusste, die zwei Hunde würden kommen, der weiße und der schwarze. Ich sah, wie die Katze sie anschaute, wovon sie wie immer fast wahnsinnig wurden. Aber plötzlich verstummten die Hunde."
Sie schnippt mit den Fingern. „Und dann sah ich sie hinter der Katze hervorkommen, eines nach dem anderen: Unter den Blättern der Eiche kamen sie hervor und sprangen nacheinander auf die Mauer. Erst ein Leopard. Dann ein Pavian. Und ein Löwe. Mit ihren Vorderpfoten auf dem Rand der Mauer. Der Pavian in der Hocke. Du hättest die Hunde sehen müssen, wie die Tiere so geschmeidig, so unglaublich geschmeidig, von der Mauer herunter auf die Straße gesprungen sind und ..."
Es klopft an der Tür.
Ein Mann in Uniform tritt ein und überreicht Herbert einen Stoß Papiere. Herbert blättert sie durch und nickt dem Uniformierten zu. Der salutiert und verschwindet.
„Wie spät ist es?"
Die Frau sagt: „Zwei Minuten vor Mitternacht."
„Kannst du Musik für uns anstellen?"
„Welche Musik?"
„Jede, zu der du für mich tanzen möchtest."

Herbert legt den Papierstoß auf den Tisch und leert sein Glas. Er beugt sich zu der Frau hin, küsst ihre Handfläche, legt seinen Arm um ihre Taille und fängt an zu tanzen.
„Lauter", sagt er. „Lauter!" Und lässt sie los.

Während sie für ihn tanzt, sich in der Hüfte wiegt, den roten Mund halb öffnet, erhebt sich die weiße Katze vom Stuhl, streckt sich und springt geschmeidig auf den Tisch.
„Lauter", sagt er und hält einen Arm in die Luft.
Die Fenster, die Wände erbeben.
Während sie sich auf die Unterlippe beißt und beginnt, sich langsam um die eigene Achse zu drehen, mit offenem Haar, einem geschlitzten Rock, der über ihre Knie fliegt, die Arme in der Luft – ein Brunnen in Gestalt einer Frau –, legt sich die Katze auf die Papiere. Auf die Zeichnung eines Frauenkörpers, eher ein Schatten in Form eines Körpers, mit den Hüften eines Jungen und den Brüsten eines Mädchens, zart angedeutet. Und noch zerbrechlicher: das Gesicht. Diese Augen ... Das ist das erste, was man sieht. Diese Augen.

II

Studie eines rennenden Mannes

Wo fängt die Stille an?

Schau, wie die Wellen heranrollen. Der Scheitelpunkt der Welle besteht aus türkisem Glas, diese eine Sekunde.
Schau, die Klippen. Jede heranrollende Welle zerschlägt eine weißgeäderte, grünschwarze Marmortafel über der Welle, die sich gerade zurückzieht. Dann noch eine, wieder eine, und jedes Mal schäumt Gischt empor, stiebt in pulvrigen Wolken auf, die sich auf den Wänden der Klippe absetzen.
Das Meer hat eine Einbuchtung in die Klippe gefressen. Wer vom Wasser aus die Kletterroute in der Wand lesen kann, sich an einem Vorsprung aus der Brandung hochzieht, die Fingerspitzen in Risse und Mulden klemmt, sich an einer Hand an Stegen und Überhängen festhält, sich einrollt, dann wieder streckt, höher und höher, rutscht plötzlich mit dem Oberkörper über einen geglätteten Steg – drücke deine gespreizten Zehen in die richtigen Mulden und zieh dich nach oben –, ein schmaler Durchstieg, der in den Stein geschliffen wurde und der dich noch höher führt, wo der Lärm vom Wind gefiltert wird. Noch höher. Die Ermüdung. Und endlich ... Endlich schnappst du nach Luft, den Oberkörper auf einen Sims gelehnt, klemmst du die Ellenbogen zum letzten Mal über eine neue Kante, streckst die Arme aus und spürst die Luft. Und wenig später: etwas, das weich und warm ist wie ein Fell.

Hier fängt die Stille an.

Jenseits des bemoosten Rands der Klippe erstreckt sich in der Tiefe ein natürliches Amphitheater, das vor Jahrhunderten von einem Gletscher aus dem Basalt gearbeitet wurde, ein Talkessel, dessen Hänge faserige Moosbärte tragen und Gräser, die Dutzende Meter hinein in die Trümmerlandschaft wachsen. Einige Felsblöcke balancieren noch auf ihrer scharfen Kante, als wären sie mitten im Sturz zum Stillstand gekommen. Die Yellowwood-Bäume* zittern in der Hitze.
Bis die Baumkronen in einem Luftstrom zu rauschen beginnen. Du hältst den Kopf schräg, um ihn zu kühlen, und streckst die Arme aus, um die Luft auch unter den nassen Achseln zu spüren. Das Blut pocht in deinen Ohren. Der beinah unsichtbare Stamm des Yellowwood-Baumes ist aus rissigem Leder und trägt eine üppig herabhängende Krone, die den Stamm um ein Vielfaches überragt.

Du läufst unter den Bäumen zum ersten Sims eines Felsens, der zu einzelnen Terrassen verwittert ist. Die Farbtupfer, die du sahst, als du über den Rand der Klippen hingst, sind grellgelb explodierte Hottentottenfeigen* auf einem Kissen aus Sukkulenten. Du steigst von Terrasse zu Terrasse, deren Böden von den Wurzeln des orangefarbenen Mittagsgolds* zusammengehalten werden. Manchmal sinkst du bis zu den Fußknöcheln in die körnige Kruste ein. Im Talkessel muss sich einst nach dem Abschmelzen des Gletschers ein See in die Erde zurückgezogen haben.
Je höher du kletterst, desto schmaler werden die Terrassen und die Ränder brüchiger. Man kann das Meer hier nicht mehr riechen. Du lehnst dich nach vorne, schnappst nach Luft. Wenn du dich jetzt hinlegen würdest, könntest du nie wieder

aufstehen – das weißt du genau. Gewiss gehen die Terrassen des Felsens über in einen höheren Felsen, der zu einem nochmals höheren führt, bis die Luft dünn wird, voller Kopfschmerz, Atemnot und schwindelerregenden Aussichten. Du springst seitwärts auf eine parallele Terrasse, die schon zu einem hereinragenden Hügel gehört, kleiner, machbar. Deine Füße sinken tief ein, wodurch sich ein Stück Felsen löst und über die Stufen nach unten hüpft – jedes Mal wirbelt ein ockerfarbenes Wölkchen auf, und der harte Kern des Steins, befreit von seinem Sandmantel, wird schließlich von einem Strauch aufgehalten.

Wie still es hier ist.

Manche Steine wurden so lange vom Wind geschliffen, dass sie riesigen Eiern ähneln.

Alle diese Löcher, Rinnen, Mulden, Brüche in der bröckeligen Felswand, Überreste der scharfen Konturen des Gebirges, das hier einst von aufeinanderstoßenden Platten aus dem Meer in die Höhe gehoben wurde.
Du blickst in der Abendsonne auf die mit Honig gebeizte Spitze: Richtung Westen geht der Fels über in träge sich wiegende, glitzernde Bäume; Richtung Osten muss der Pelz aus Gräsern und Sträuchern sich während eines Sturms so voll mit Regenwasser und Schlamm gesogen haben, dass der Abhang sich selbst gehäutet hat, nur am Fuß des Felsens sind noch die Reste umgeknickter Baumstümpfe und eine Schutthalde zu sehen. Der Basalthang nackt und grün funkelnd von Peridotkristallen*, gefährlich lockende Katzenaugen, giftig.

Du hockst dich in eine Nische, legst dich auf die Seite. Deine Fingerspitze ragt aus der Vertiefung wie der glasige, fragile, schlohweiße Trieb einer Blumenzwiebel. Die zerbrechliche Eierschale des Schlafes schließt sich über dir.

Ein mit Blattgold belegtes Bäumchen hält sich mit fingerförmigen Wurzeln am nackten Felsen fest, zittert im letzten Sonnenlicht.

Die Geschwindigkeit, mit der es dunkel wird. Erst verschwindet die Sonne und dann, als alles den Atem anhält, senkt sich ein geräuschloser, unsichtbarer Schwarm Flughunde auf dich herab. Ein tiefes Atmen. Stockfinster. Und dann beginnt das wirkliche Wunder. Als du, erholt durch den Schlaf, aus der Nische rollst, sind die Abhänge nicht länger staubig und brüchig, das Bäumchen besteht aus ziseliertem Silber, mit Blättern aus Zinn.
Die Luft ist satt von Gerüchen, ausgehaucht von den mit Abendnebel getränkten Baumkronen, von den Gräsern, den Sträuchern und der Erde. Du atmest Thymian und Moos ein, die die Abendbrise mitbringt, durchmischt mit einem Geruch nach Cannabis, nach etwas Harzigem, dem Urindunst schwelenden Laubs, körperlich, sexuell.

Es gibt Körper, die für den Tag, und Körper, die für die Nacht gemacht sind. Deiner scheint in der Nacht blind den Weg über vom Mondlicht glasierte Terrassen zu finden, über die Spitze, hinunter in einen anderen Talkessel, springt vom einen aufs andere Bein, landet sicher auf dem richtigen Stein. Du rennst über Bruchlinien den Abhang – eine zerborstene

Zinkplatte – hinunter, vorbei an den kleinen Flammen der Ilmenitkristalle*, die zu deinen Füßen das Mondlicht zu funkelndem Sternenstaub brechen. Wie du jetzt, im Laufen, dein Hemd ausziehst, glänzt dein Oberkörper durch den Schweiß wie verchromt. Wie du die Arme jauchzend hochreißt und gleichzeitig über eine neue Kante hinein ins Leere springst. Du wenige Meter tiefer gehockt landest, und noch in derselben Bewegung Kopf und Schultern wieder nach vorn wirfst und geschmeidig weiterläufst, die entspannten Arme am Körper, nicht zu schnell, ein Tempo, das du stundenlang durchhalten kannst.

Plötzlich – war da etwas? – sitzt du bewegungslos in der Hocke und bist kaum noch vom Basalt zu unterscheiden. Bis du anfängst zu schaukeln, du das Jucken am Kinn mit der Schulter wegreibst. Doch dann versteinerst du wieder, nur das Weiß in den Augen leuchtet auf – wie eine Orchidee der Luft die lebensnotwendige Feuchtigkeit entzieht, so genießt du das Dunkel, triefend nass vom Tau.

Über Basaltfelsen krümmen sich Köcherbäume*.

Die Steine speichern noch die Hitze des Tages und geben diese nach und nach wieder ab – sie dampfen im Mondlicht.

Du stürzt dich wie ein Verrückter in die silbrige Landschaft, in der einen Sekunde läufst du noch, die Arme weit nach hinten gestreckt, die Nase gereckt wie die eines Windhundes, in der nächsten Sekunde liegst du auf dem Bauch, die Fäuste neben dem Kopf, schlaff, den Kopf in einem unnatürlichen Winkel abgeknickt. Neben dir ein Schuh.

Dein mit Lackmuskraut* überwuchertes Gesicht im fahlsten, frühsten Morgenlicht. Etwas zischt und keucht – stöhnend drehst du dich auf die Seite, zusammengerollt, die Arme schützend über dem Kopf – bis du begreifst, dass du selbst es bist, der die Luft durch die Schneidezähne nach innen saugt, keucht, weil der Herzschlag in Nase und Stirn hämmert. Deine Fingerspitzen ertasten ein geschwollenes Etwas, wo deine Nase war, dein Mund ist verkrustet. Du erinnerst dich nicht daran, was geschehen ist oder wie es ...
Du rollst auf deine Knie und legst den Kopf in den Nacken – Schmerz. Du öffnest die Augen – Schmerz.
Gestochen scharf, kaum einen Meter entfernt: dein eigenes Gesicht, zumindest eine Fassung davon, nahezu unkenntlich verformt. In einem Spiegel.
Du bist mit dem Kopf gegen einen riesigen Spiegel gelaufen. Ein Spiegel wie eine Wand, so hoch und weit du blicken kannst.
Ein bodenloser Spiegel, matt wie Samt, bedeckt mit einem Schleier winziger Tautropfen. Ein Schwarz, so intensiv, dass es zu Gold wird, du kannst deinen Blick nicht abwenden.
Wie dein eigenes Gesicht, ein im trüben Glas gefangenes Tier, zurückschaut. Wie du auf Händen und Füßen darauf zu kriechst, es anhauchst, Handfläche auf Handfläche, dein Mund nur wenige Zentimeter von deinem geschwollenen Mund entfernt – bei der kleinsten Bewegung hast du Schmerzen.

Du liegst zitternd im Schatten eines Magma-Gerinnsels, das dich an bizarre, nach hinten gebogene Kakteen erinnert. Den Kopf in der Achselhöhle.
Geöffnete Augen.
Die schwarze Mauer wie eine Gewitterwolke.
Geschlossene Augen.
Hermetische Stille. Nur dein Herzschlag. Der Rucksack in deinen Armen.
Geöffnete Augen.
Geschlossene Augen.
Heftiges Pochen in Nase und Stirn, als du versuchst aufzustehen.

Du wirst die gläserne, schwarze Wand abtasten, als würdest du beten, Millimeter für Millimeter mit Handflächen und Fingerspitzen die Wand abtasten, die Arme dramatisch von dir gestreckt. Stunde um Stunde wirst du so deine Meter hinter dich bringen. Nach Osten. Nichts steht hervor, es gibt keinen Spalt, in den Fingerspitzen oder Zehen passen würden. Du weißt, der einzige Weg zurück führt über die Felsen, zum Meer, das Scheitern. Geduld. Sturheit. Ausdauer.

Unerreichbar hoch hängen ausgehöhlte, löffelförmige Ausstülpungen – sie leuchten auf wie Ohrmuscheln, durch die die Sonne fällt.

Die Wand: das schwarze Auge eines mit Basaltplatten gepanzerten Tieres, das halb begraben unter dem rosigen Sand lauert, um dich plötzlich – blitzschnell entrollt sich eine Zunge – zu verschlingen.

Du gehst in deinen eigenen Fußspuren zurück, den ganzen Weg, den du, klopfend und über die Glaswand reibend, zurückgelegt hast, bis zu deinem Anfangspunkt, wo du mit der Stirn gegen die Wand geknallt bist. Du folgst der Wand, diesmal nach Westen.

Nur wenige Dutzend Meter von der Stelle entfernt, wo du gegen die Wand liefst, faltet sich das Glas ein, öffnet sich die schwarze Masse: ein Spalt, breit genug für den Körper eines Erwachsenen, eine Bruchlinie im Glasfelsen. Du läufst zwischen zwei geneigten Wänden hindurch, die Dutzende Meter hoch aufragen, weshalb der Himmel unsichtbar bleibt, wo aber das Licht durch bizarre, ineinandergreifende Bruchstücke bis auf den Boden gespiegelt wird. Als würdest du *in* einem schwarzen Diamanten umherschauen. Du gehst hinein, vorsichtig, in die Stille der mineralischen Schönheit.

Nach wenigen Metern stülpen sich Glaslippen nach innen: eine Nische, mit Moos bewachsen, das bei jedem Schritt ein nasses Geräusch erzeugt – der Abdruck deines Schuhs, der sich erst mit Wasser füllt und danach langsam, ganz langsam, wieder die ursprüngliche Form annimmt. Tropfen fallen von der Decke. Du ziehst deine Kleider aus und hockst dich auf Hände und Knie, riechst am klatschnassen Moos, drückst dein Gesicht behutsam hinein, tiefer. Beißt dich im Moos fest und saugst das kühle Wasser auf. Minutenlang: ein nackter, kniender Mann, der sich, festgebissen im Moos, vollsaugt.

In den Wänden leuchtet bisweilen eine gelbe, dunkelgrüne oder blaue Wolke auf, wodurch du selbst in verschiedenen Farben changierst. Ein einziges Mal fällt ein Sonnenstrahl wie ein milchweißer Speer lotrecht auf den Boden, und wenn du den Arm ins Licht hältst, wird er durchsichtig.

So unwirklich still ist es hier. Sogar die Scherben, die gelegentlich unter deinen Füßen knirschen, erzeugen nur ein kurzes Geräusch, als würde ihr Knacken sofort wieder geschluckt.
„Was machst du hier?"
Erschrocken fällst du auf die Knie, als es knapp über dir zu tosen beginnt, Felsstücke schlagen überall um dich herum ein, platzen auf ... du spürst den Luftsog ...
Zusammengekauert, die Hände über dem Kopf, blickst du unter deiner Achselhöhle hindurch ...
Und durch einen Spalt in der gläsernen Wand siehst du ein Bäumchen – so symmetrisch und klar, dass es fast ein Miniaturgemälde zu sein scheint – ein Bäumchen mit einem kurzen und anrührenden Stamm, elefantenfarben, die ungelenken Stummelzweige sind mit viel zu kleinen Blättern bewachsen.
Ein Bonsai.
Als du aber durch den Spalt trittst, unter einen lavendelfarbenen und wolkenlosen Himmel, wiegt sich das Gras, als galoppierte eine unsichtbare Pferdeherde hindurch. Wo die gelben Gräser ins Grün übergehen, in dornige Büsche und Palmfarne, glitzert ein Streifen Quecksilber. Je näher du herankommst, desto gedrungener wird das Bäumchen, mit handförmigen Blättern

und Blattspitzen wie Finger. Ein tausendjähriger Baum mit Früchten wie borstige Ratten. Die flaumigen Blüten sind so groß, dass vermutlich Fledermäuse sie in der Nacht bestäuben müssen.

Bei einem grünen Wäldchen, umwachsen von flatternden Gräsern, legst du deine Hand neben den markanten Abdruck einer Pfote. Sofort schmierst du dich vom Kopf bis zu den Zehen mit Schlamm ein. Ab jetzt wirst du vom dornigen Unterholz Abstand halten, ertastest du erst, ob abgebrochene Zweige und Blätter noch flexibel und frisch sind, wirst du mit einem Blick die Spuren der Klauen und Zähne in den Baumstämmen erkennen.
Du wirst in dieser Landschaft aufgehen, nicht mehr zu unterscheiden sein von Felsbrocken und Sträuchern.
Du isst die Früchte des Baobab*, die Blütenspitzen der Akazie, schüttest den Saft aus den Proteas*, zapfst Wasser aus den Stämmen der Bäume, gräbst dir eine Kuhle für die Notdurft, liegst Kanna* kauend in einer wannenförmigen Ausbuchtung der Felsterrassen an der Glaswand, wo du die Nacht verbringst, staunend unter dem Sternenhimmel.

Was ist Einsamkeit?

Lispelnde Gräser wiegen dich in den Schlaf.
Am Morgen webt sich der erste Goldfaden der Sonne durch die Luft. Eigenartige Halbmenschbäume* stecken ihren Anemonen-Haarschopf in die Luft. Stinkholzbäume*.
Du schmierst dich wieder mit Schlamm ein, kauernd siehst du eingedrücktes Gras, zerrissene Spinnweben, aber keine

Spuren von Pfoten. Kein Uringeruch. Jede Minute kontrollierst du die Windrichtung.

Jeden Tag entfernst du dich ein wenig weiter vom Glasfelsen. Etwas tiefer in die Stille hinein.
Und da fängt der Wald an. Pflanzen, deren Namen wir nicht mehr kennen, bronzene Namen, der intensive Geruch von Blättern und Schwämmen, unbetretenes Gebiet, widerspenstig. Uraltes Flüstern der Baumspitzen. Kletterpflanzen wie Keilschrift auf den Baumstämmen. Eine meterhohe Mauer aus Bäumen, Millionen Bäumen, gewaltig, die Baumkronen ineinander verflochten, die Stämme durch Kletterpflanzen miteinander verschnürt, aus schwarzem Schlamm durch das Unterholz hochgedrückt. Nackte Baumwurzeln. Wie du auch in Höhlungen, unter der Rinde, im Totholz suchst, du kannst keine Larven finden, keine Raupen. Es gibt hier keine Mücken. Keine Vögel, die in Scharen aus Baumkronen aufsteigen. Immer tiefer hinein in die Stille. Diese eine Spur. Im feuchten Dunkel. Die Andeutung von etwas, das ganz nah an dir vorbeischießt.

Stocksteif.

Stille.

Kam das wirklich hinter dir hervor?
In der Hocke.
Links von dir: ein Strauch, der sich bewegt.
Und dann plötzlich: das Krachen und Poltern eines Baumes, der umfällt und alles in der Umgebung mit sich reißt. Ein milchiger Lichtstreifen, dort wo der Baumstamm stand, aufrecht, ganz

kurz. Aufwirbelnder Staub. Das Dröhnen. Dein Herzschlag bis in die Fingerspitzen. Gefolgt von Stille.
Und alles wächst wieder zu.
Ist das wirklich passiert, für ein paar Sekunden Licht, diese ...
Rückwärts, langsam wie eine Schlange kriechst du unter das Gebüsch, unter die Blätter, in den Morast. Die Augen geschlossen. Verlangsame die Atmung. Jahrhundertelange Stille.

Verlangsame deinen Herzschlag.

Bewahre kaltes Blut.
Nur Pfoten wie Samt können so still, ohne einen Zweig zu zerbrechen, verschwinden.
Augen auf.
Augen und Nase über dem Morast.
Die Stille, die Bewegungslosigkeit von Reptilien.

Als du aus dem Morast hervorkommst, hängen dünne Fäden an deinem Gesicht, weiß wie Champignons, so schwül und nass ist es hier – mehr benötigen die weißen Schimmelfäden und -flocken nicht, um binnen kürzester Zeit alles einzuspinnen. Der Geruch verrottenden Holzes. Von Schimmelhüllen ummantelte Wurzeltriebe.

Du kontrollierst den Inhalt deines wasserdichten Rucksacks. Wieder steckst du das Messer in die Beinscheide. Auf Augenhöhe hängen verfilzte Luftwurzeln der Orchideen aus einer Baumachsel: das fleischige Samt der Orchideen, zugleich Flügel eines Schmetterlings, weibliches Geschlechtsteil, Ohrläppchen und Schleimhaut, mit vielfarbigen Zäpfchen, handtellergroßen Blüten, seidenweichen Kelchen, wie Wachs, marmoriert, gefleckt, getupft, Blütenblätter, die sich mit dem gelbsten Grün vollgesogen haben, leuchtendem Orange, religiösem Purpur. Aus Pigmentzucker geknetete Sterne. Eine Orchidee mit Blüten wie Affenköpfe oder eine weit geöffnete mit heraushängender Zunge.

Neben einer Quelle biegen sich Stängel unter der Last einer Traube glockenförmiger Lilien. Außerdem: rotflammende Lilien mit Blumenkelchen, derart weit aufgesperrt, dass sie das Innerste nach außen kehren und ihre Staubfäden an dir lecken, sobald du in ihre Nähe kommst. Farne aus der Karbonzeit. Aber keine Abdrücke von Pfoten.

Das Buschwerk wird weniger dicht, die Bäume sind robuster und verteilen sich über die Landschaft, wodurch die Sonne leichtes

Spiel hat. Weit hinter dir fällt abermals ein Baum, du spürst das Beben noch, aber du kümmerst dich kaum darum. Die Luft wird erträglicher; bald kannst du deine Kleider zum Trocknen an einen Zweig hängen, die Schimmelsträhnen aus den Haaren waschen, den schwarzen, nach Verwesung riechenden Morast. Deine Hand sieht aus wie eine Prothese aus schwarzem, abgestorbenem Gummi.
Weshalb bist du hier, in diesem Niemandsland zwischen den Ausläufern des Waldes und den in Hitzenebeln gehüllten Bergen in der Ferne?

Du sitzt am Ufer eines trüben Sees, umgeben von ockerfarbener Erde, die mit Grasbüscheln besprenkelt ist.
Du hockst am Boden, nackt, die Kleider auf dem rauen Gras verteilt. Der Wind fegt stoßweise über dich hinweg, gefolgt von einer ungeheuren Stille. Es ist so still, dass du aufblickst. Erst Minuten später schwebt etwas über den Wald her, eine Wolke, nein, keine Wolke, sondern die schwarze Glaswand, die sich in die Luft erhoben hat und aus Richtung des Waldes auf dich zuhält. Die Stille. Der Schatten. Über dich hinweg. Bleischwer. Schnell ziehst du dir die Kleidung an.

Stille.

Nirgends ein Fleck, um sich zu verstecken. Hinter dir fangen die Baumspitzen an zu pendeln. Immer dunkler werdendes Violett. Die ersten Blitze, gefolgt vom ersten Donner. Sofort kniest du dich auf deinen Rucksack, so weit wie möglich nach vorn gebeugt, die Hände um die Knie gelegt, die Füße ohne Bodenberührung. Jetzt gibt es kein Halten mehr, Blitze, krachender

Donner, peitschender Regen, Böen. Bis der Wind dich umwirft und du die Fingerspitzen und Zehen in die Erde krallen musst, um nicht mitgeschleift zu werden. Du fängst an zu zählen. Atme durch den Bauch. Verlangsame deinen Herzschlag.

Gewalt. Pure Gewalt.

Zähle. Atme durch den Bauch. Entspanne dich.

Einsamkeit.

Du liegst mit der Wange auf der aufgeweichten, dampfenden Erde. Ozongeruch. Plötzlich: die Sonne.

Es geschieht vor deinen Augen: Im Sand springen Samenkörner auf, Fädchen schießen zwischen deinen Fingern aus dem Boden, feine, weiße Fädchen, die sich in der Sonne grün verfärben und Keimblätter bilden, aus denen sich wie eine Zunge ein winziger Stängel ausrollt. Schlängelnd kommen sie vor deinen Augen zum Vorschein, wie Farbspritzer aus der Erde, geöffnete Blütenblätter, kaum sichtbar, so fein wie Pinselhaar, pumpen sie sich voll mit Farbe. Du richtest dich auf, schaust in die Landschaft, und es geschieht überall, ein vielfarbiger Schleier zieht über die Fläche, zunächst kaum vom Ocker zu unterscheiden, dann immer bunter und satter.

Kaum einen Steinwurf von dir entfernt springt etwas Ockerfarbenes in die Höhe, aufgeschreckt vom Farbteppich, der unter seinen Pfoten aus der Erde sprießt.
Du spürst den Schock bis ins Rückgrat.

Die Hände im Rucksack lassen die Bauteile ineinanderrasten, du musst gar nicht hinsehen, du kannst weiterhin die rennende Gestalt beobachten, in weniger als einer Minute liegst du mit gespreizten Beinen auf der Erde und schaust durch das Visier. Wenige Sekunden später läufst du los, die Waffe auf den überkreuzten Armen, den Blick starr voraus, damit du jede Bewegung registrierst, in einer Geschwindigkeit, die du stundenlang durchhältst. Sobald du etwas siehst, wirst du dich abermals auf die Erde werfen und ... Um dich herum überall Blumen – du könntest schwören, dass du hörst, wie sie sich öffnen, deine Sinne sind geschärft: Es hört sich an wie Tausende, Millionen schlagende Schmetterlingsflügel. Fuchsia, orange, gelb, schneeweiß. Der Blick starr. Auf drei Uhr eine Staubwolke, wegducken, anvisieren, wieder aufstehen und rennen, die Waffe auf den überkreuzten Armen.

Aus der schwarzen Wolke, die vor den Bergen hängt, wirbeln von Blitzen durchzogene Schleier herunter. Vom Wind angetrieben, hältst du dein Tempo, läufst durch knöchelhohe, spitze Gelbkopfmännchen* und gipsfarbenes Kraut – dein Geruch treibt das Wesen weiter, in ein System von Felsplateaus, die wie gekappte Pyramiden vor dem eigentlichen Gebirge liegen.

Du kniest bei einem großen, verwitterten Skelett mit einem Kamm aus porösen Knochen über dem Rückgrat. Es liegt da, als wären schon Jahrhunderte vergangen, seit es zusammenbrach und liegenblieb, um schließlich von Zeit, Wetter und Wind freigelegt zu werden, den gehörnten Schädel zwischen den gebogenen Knien, im Gleichgewicht gehalten von den Rippen, die auf der Erde aufliegen. Die Spitze des Schädels ist nicht intakt. Das Skelett liegt auf einem Bett aus feurigem Bärenohr*.

Am Rand des Plateaus schaut das Wesen mit langgestrecktem Hals in deine Richtung. Es wartet auf dich. Als du aufstehst, dreht es sich um und verschwindet.

Du wirst Plateau für Plateau besteigen, dem Geruch des Wesens folgen, vorbei an einer Felswand mit einem fossilen Langschnabelvogel mit hauchdünnen Knöchelchen, wirklich hauchdünn, als wäre das Tier im Flug versteinert; um die Knöchelchen schwebt der Rauchschatten der Federn, wie mit einem einzigen Pinselhaar gemalt, jeder Kiel und Federstrahl einzeln.

Die Nacht fällt, eingerollt in eine Felshöhle, Meter über der Erde, kaust du auf Kannawurzeln. Langsam, ganz langsam spürst du, wie die Wärme aufsteigt, bis der ganze Körper zu lächeln scheint. Dann greifst du zu den Wurzeln der Schießpulverpflanze*.

Wie dunkel es hier ist. Als würdest du in einem schwarzen Fluss liegen. Auf dem Grund eines schwarzen Flusses. Du atmest tief ein. Die Augen weit geöffnet.

Stille.

Du merkst, wie sich etwas zu dir herunterbeugt. Zu deinem Mund. Solch ein Mund. Solch ein nasser, dicker Schokoladenmund, der dich von Kopf bis Fuß küsst. Solch ein Kuss, der dich einsaugt. Schwarzer Honig. Solch eine träge, sich in der Hüfte wiegende Wärme schmiegt sich mit ihrem Hintern an dich, an deinen Bauch, und der Hintern fängt an sich zu bewegen, an dich gedrückt, der Hintern vibriert immer stärker, wie das Herz von jemandem, der immer schneller läuft. Dunkel wie ein Kleidungsstück, das dir jemand über den Kopf zieht, über den

Hals, den Rumpf, den Hintern, die Beine, schwarzer, warmer Gummi, der über dich ausgegossen wird. Solch eine Wärme. Als würde dich jemand nur mit dem Mund berühren. Und dieser Mund ist überall. Es strömt aus diesem Mund, als wäre etwas in diesem Speichel, das jede Gerinnung verhindert. Deine Stirn, die Nase, der Mund, das Kinn, der Hals, am Brustbein entlang, wo die Rippen sich öffnen, dein Nabel ... Nur ein Mund berührt dich, ein triefender Mund, als würde jemand ihn vollgießen ...
Solch eine Nacht, solch träge, aus den ältesten Erdschichten hervorquellende Gewalt, ein Lavastrom, der gleichzeitig aus deinem und dem anderen Mund kommt, niemals wird das aufhören, niemals darf es aufhören, bewege dich, deinen Hintern, ja, deinen Mund, so, ja.
Solch eine Nacht, in der du bereit bist, ermordet zu werden. Solch eine Mit-Blut-unterlaufene-Augen-Nacht. Solch eine Nacht, in der Religionen geboren werden, Sprachen, die niemand spricht, und doch weiß jeder, kennt jeder Körper jede Silbe davon, solch eine unwiderstehliche Lust, in einem warmen, lebendigen Körper zu verschwinden, solch ein Körper, der sich anschmiegt, bewegt, und du bewegst dich auch, und hinter dir liegt noch ein Körper, der sich an dich schmiegt, sich bewegt, dieses Wiegen.
Folge in einer Nacht wie dieser den Tieren, durch hohes Gras, durch brennendes Gras, durch das Gestrüpp. Gehe zum Wasser. Zieh deine Kleider aus. Krieche auf Händen und Füßen ans Wasser. Überall Geraschel, Keuchen, stimme ein.
Rieche deine Achseln, den Speichel, das Saure, deine versteckten Drüsen. Den strengen Geruch der kleinen Tiere, die, genau wie du, duftendes, warmes Fleisch unter Pelz oder Schuppen tragen, den Geruch von verbrannten Blättern, Urin,

Schweiß. Höre, wie sie beißen, schlürfen, lecken, saugen, wie Zähne ineinander harken, Klauen, Schuppen.
Zusammen kriechen wir ans Wasser, ein gemeinsamer großer, plumper Körper. Durch den Schlamm. Durcheinander. Werden wir selbst zu Lehm. Tiere, die sich festbeißen in größeren Tieren, die auf größeren Tieren hängen.
Zum Wasser!
Überall Körper, die Zehen gespreizt, die Fersen in die Erde gebohrt, den Kopf im Nacken, genießen, lassen die Arme fallen, dehnen die Finger auseinander, alle Poren geöffnet, Augen und Ohren und Nase offen, um bloß nichts, keine Sekunde, keinen Tropfen zu verpassen.
Aus jedem Mund strömt es. Wie schwarzer Honig. Es hört nicht auf. Alles läuft aus. Alles bekommt Knospen. Klebrige Tropfen fallen auf jeden, der vorbeigeht. Mit geschlossenen Augen saugt jeder an einer Hand oder einem Arm oder einer Schulter.
Die Nacht legt ihren Kopf in den Nacken und lässt ein brüllendes Gelächter ertönen.
Die Nacht krümmt sich und tanzt vornübergebeugt mit ihrem Hintern gegen dich an.
Das ist das wahre Tanzen. Das Spurensuchen, Feuermachen, das raue Ein- und Ausatmen.
Das ist das Flüstern und Lispeln der Gräser.
Das Jagen.
Die Gesänge des Wassers.
Der Jubel des Feuers, das sich den Weg durch das Gras frisst.
Der Jubel des Feuers in unserem Blut.
Das ist Tanzen, wie Tanzen gedacht ist, nicht um vom Körper befreit, sondern um voll und ganz Körper zu werden, um hoch und runter zu springen, nicht um zu fliegen, sondern um immer

tiefer zu gelangen, um dich selbst in die Erde zu rammen, der Staub fliegt bei jedem Sprung höher und höher, klebt im Schweiß, eine neue Haut, ein neues Gesicht auf deinem Gesicht, wie ein roter Klumpen auf deinem Hals, die neue Hautfarbe.

Und dann kommt es dazu.
Das ist das einzig Gewisse.
Aber es geschieht immer unerwartet.
Etwas, das allein die Augen über Wasser hält, schwimmt auf dich zu. Zieht sich ans Ufer.
Schleicht sich an dich heran.
Dieser Atem.
Beschnuppert dich.
Dieser warme Atem.

Du schreckst aus dem Schlaf auf, der Mund ist so trocken, dass du kaum schlucken kannst. Du stöhnst, willst dich auf die Seite drehen, springst aber schreiend auf. Steinsplitter und Sand rinnen an dir hinunter. Es hämmert in deinem Kopf.
Du sitzt nackt auf einer Schutthalde, zu Füßen eines vom Mond beschienen Plateaus. Nackt bis auf die Beinscheide.
Mit dem Messer in der Hand machst du einen Schritt nach vorn, aber sofort krümmst du dich vor Schmerzen. Es ist unmöglich, mit nackten Füßen auf den Steinsplittern zu laufen. Dann also auf Händen und Füßen, seitwärts, wie eine Krabbe, das Messer zwischen den Zähnen, um so schnell wie möglich auf eine feste Steinfläche zu kommen.
Hier wartest du den Morgen ab, während du vergeblich versuchst, dir zu vergegenwärtigen, was in der Nacht geschehen ist.
Was wahr ist und was nicht.
Was nicht geschehen sein kann.
Was möglich ist.
Wo du bist.
Was du tun musst.

Das erste Morgenlicht. Ganz in der Nähe Geräusche von Sand und sich verschiebenden Steinen.
Stille.
Das Wesen kommt von der anderen Seite, als würde es durch eine Wand schreiten.
Es beschnuppert die Stelle, an der du aufgewacht bist, kaum

zehn Meter von dir entfernt. Und gerade als du denkst, dass es dich nicht bemerkt hat, nimmt es die Witterung auf, dreht seinen Kopf, ohne sich dir dabei zuzuwenden, und schaut dich an.
So denkt das Wesen: indem es Witterung aufnimmt.
Es wendet sich ab und legt, im Felsschatten, seinen Kopf auf die Pranken.

Stundenlang. Ohne dir einen Blick zu gönnen.
Es gähnt. Dieses Gebiss.
Es legt sich hin, mit dem Rücken zu dir.
Auch du legst dich hin.
Das Ohr des Wesens richtet sich ruckartig auf.
Hin und wieder durchläuft ein Zittern den Rücken des Wesens.
Als träumte es.
Die Sonne hat dein Versteck erreicht. Du kriechst etwas höher, so leise du nur kannst.
Das Wesen erhebt sich, schüttelt den Kopf, streckt sich. Pisst ausführlich auf die Stelle, an der du erwacht bist. Geht dann davon, vollkommen gelassen.

Du wirfst ein Steinchen.
Keine Reaktion.
Du schmeißt noch eines. Dann eine ganze Handvoll.
Langsam schiebst du den Kopf nach draußen, das Messer gezückt, um bei der kleinsten Gefahr zuzustechen. Jedes Mal, wenn du den Kopf herausstreckst, schaust du auch nach oben, liest du die Plateauwand, bis du den Weg im Kopf zurücklegen kannst. Nochmal wirfst du mit einer Handvoll Steinchen, so weit wie möglich, du kommst aus deinem Versteck – gibst dir die größte Mühe, dich ganz langsam zu bewegen, so langsam wie

ein Faultier – du klemmst die Fingerkuppen fest, stößt dich mit dem rechten Fuß ab und hängst in der Wand.

Du kletterst, als würdest du den ungeeignetsten Weg zu der einen Höhle suchen, den mit der größten Herausforderung. So beeindruckt bist du von der Schläue und Kraft des Wesens, dass du den größtmöglichen Abstand hältst zu den Durchstiegen, Kanten und Abhängen, wo es dich ohne Vorwarnung schnappen könnte. Du weißt, du hast keine Chance ohne deine Waffe, deine Kleider und den Rucksack: die Waffe, um das Wesen in Zaum zu halten und um notfalls zum Äußersten zu greifen; Kleidung, nicht nur wegen Sonne und Kälte, sondern auch, um den scharfen Steinen zu trotzen; den Rucksack, um den Auftrag auszuführen, für den du hier bist.

All diese Jahre, in denen du dich selbst zu einem Schwert geschmiedet hast, mit extremer Hitze und Kälte, Schicht für Schicht, mit Hammer und Schleifstein. All diese Jahre, die du brauchtest, um zu erkennen, was es wirklich bedeutet: Unterwerfung, die nichts mit Erniedrigung zu tun hat, sondern ausschließlich mit Demut. Und dass absolute Unterwerfung Wissen ist, buchstäblich: Wer sich unterwirft, voll und ganz Demut ist, weiß, wie es ist, in etwas aufzugehen, eins zu werden, überzugehen in jede Faser von etwas oder jemandem. Zuerst die Unterwerfung unter die Elemente: Kenne den Regen, extreme Kälte, kenne die Bedeutung von Hitze und wie du ihr trotzen kannst, wie du ihr entweichst oder sie nutzt. Unterwerfung unter das Feuer: Kenne das Feuer, kenne dich aus mit dem Holz, wie man es anschneidet, um das richtige Feuer zu bekommen, und wie man durch Sauerstoffentzug unglaubliche Hitze erzeugen kann. Unterwerfung unter die Einsamkeit. Unter den Schmerz. Unter die Angst. Unterwerfung unter die Landschaft, das Tier, den Feind. Unter das Plateau: Betrachte das Plateau, besteige es, präge es dir bis in die kleinsten Risse und Mulden ein, werde zum Plateau.

Als du dich ein letztes Mal hochziehst, dich in die Höhlung des Plateaus wuchtest ... ein Schlachtfeld.
Aus einem Traum, an den du dich nicht erinnern möchtest. Blutflecken.
Die Decke, die Wände, der Boden, überall Blut, das schon schwarz geworden ist und nur dort, wo der Körper liegt, hellrot leuchtet. Deine Schuhe. Der Körper des Wesens. Der Rücken – du siehst es sofort, sogar das Kaliber erkennst du – ein einziger Brei, dort wo die Kugeln den Körper wieder verlassen haben.
Deine Schuhe: der irrsinnige Anblick deiner Schuhe, die ordentlich nebeneinander in der Ecke stehen, die Strümpfe über den Kappen.
Du beugst dich nach vorn, das Messer in der Hand. Du versuchst, das Wesen zur Seite zu schieben, aber da liegen nur die Patronenhülsen – die du sofort wiedererkennst – es wurde aus unmittelbarer Nähe erledigt. Mit deiner Waffe.
Kein Rucksack.
Keine Kleider.
Keine Waffe.

Gehockt, die Schuhe angezogen, kauerst du am Rand der Höhle und schaust über das Plateau auf den Blumenteppich, der am Hang entlang bis zum dritten Plateau heraufgekrochen ist – ein bunter Schleier schimmert schon auf dem Hang zum vierten.

Starrer Blick.
Die einzige Bewegung wird von Sonne und Wind verursacht. Du schaust senkrecht nach unten. Noch im gleichen Moment trittst du den Abstieg an. Auf den ersten Blick liegt dort ein Körper, die Gliedmaßen in merkwürdigen Verrenkungen abgewinkelt, tatsächlich sind es aber nur deine Kleider. Verstaubt, aber ohne einen einzigen Blutfleck.
In der unmittelbaren Umgebung suchst du nach deiner Waffe. Dort liegt die Leiche eines Pavians. Etwas weiter noch eine, das Genick durchgebissen. Du kniest dich in den feinen Schutt, da du nicht nur Abdrücke des Wesens findest, sondern auch eine Schleifspur, ein Streifen im Sand, nicht von etwas Riesigem, aber doch tiefer, also schwerer, als du bei so etwas recht Kleinem erwartet hast. Dann wieder die Abdrücke von Pfoten und die Schleifspur. Du läufst den Sockel des zweiten Plateaus hinauf, folgst einer Schräge im Gestein, die nicht zur Spitze, sondern weg zur Seite führt, eine natürliche Welle, und du bist so durcheinander, dass du den Rucksack erst bemerkst, als du beinahe dagegen läufst: der Rucksack zwischen den Pfoten des Wesens, das dich mit angelegten Ohren anknurrt. Vor Schreck bist du wie gelähmt. Obwohl du genau weißt, dass das nicht sein kann, dass es unmöglich ist, dass das Wesen, das du noch vor nicht einmal einer Stunde durchsiebt im eigenen Blut hast liegen sehen, dass dieses Wesen unmittelbar vor dir, mit gebeugten Vorderbeinen und aufgesperrtem Maul, dich anknurrt, gespannt wie eine Feder, bereit, dir an die Kehle zu springen. Auge in Auge. Buchstäblich. Dein Blick in seinem Blick, das ist deine einzige Waffe, nicht das Messer, das du unmöglich lebendig aus der Beinscheide ziehen kannst, sondern dein Blick. Du spürst das Knurren bis in die Bauchhöhle. Die Lefzen,

die gefletschten Zähne. Du schaust ununterbrochen in diese Augen, machst dich größer, indem du die Arme langsam empor hebst. Knurrend beugt sich das Wesen zum Rucksack, nimmt ihn zwischen die Zähne, schüttelt ihn wie eine Beute, weicht zurück, ganz langsam weicht es zurück, dreht sich um und läuft weg, hinter die Krümmung eines Basaltstreifens, so dass es wenige Sekunden später bereits verschwunden ist.

Wie lange du da hockst, erschöpft und noch zitternd, während du darüber nachgrübelst, ob du zurück zur Höhle sollst, um nochmal mit eigenen Augen zu sehen, wie das Blut ... der tote Körper ... oder sollst du besser dem Wesen hinterherlaufen? Einem Kadaver hinterher? Ein Kadaver mit einem Rucksack.
Noch bevor du wieder an der Höhle bist, findest du die Waffe auf der Schutthalde, die du eben schon bestiegen hattest. Sie stinkt und klebt vom Urin. Der Lauf ist zerkratzt und kleine Vertiefungen zeugen von einem Gebiss oder Steinen. Du nimmst dir alle Zeit, die du brauchst, um die Bauteile auseinanderzunehmen und zu reinigen. Du kontrollierst das Magazin (acht Patronen wurden abgefeuert, acht! Patronen waren nötig). Du spürst das Knurren noch immer in den Beinen, sogar, als du wenig später wieder den Basalthang emporläufst, die Waffe auf den überkreuzten Armen, als wäre alles in Ordnung. Die Spuren sind leicht zu finden. Nicht nachdenken! Hin und wieder lässt du einen Arm herunterhängen und trägst die Waffe mit dem anderen.

Als dich ein tiefes Geräusch erschreckt, das sich zwischen den Plateaus entrollt und an den Wänden Echos bildet, weißt du sofort, dass du gemeint bist. Dass du das Wesen bald wieder sehen wirst, wie es sich auf die Vorderpfoten abstützt, wie ein Sumo-Ringer auf seine Fäuste, aber mit perfekt trainierten, geschmeidigen Muskeln unter dem glänzenden Fell, die Zähne gebleckt. Was bedeutet das Gebrüll eines Wesens, das dich, trotz deiner offensichtlichen Wehrlosigkeit, nicht angegriffen hat? Denke wie das Wesen. Unterwerfe dich dem Wesen. Schlüpfe in es hinein.

Das Bild einer mit Blut bespritzten Felshöhle, in der ein durchsiebter Leib liegt.
Habe ich wirklich ... wieso weiß ich davon nichts mehr? Bedeutet das ...

Wieder das Brüllen, diesmal lauter.
Schleifspuren.
Und dann in einem sandigen Zwischenstück: ein Durcheinander von Abdrücken, als hätte das Wesen dort getanzt. Proteablüten mit fusseligen, geschuppten Artischockenköpfen, die in allen Farben des Regenbogens aufspringen, verfilzt, mit Staubgefäßen wie Farbtropfen auf Stecknadeln. Exkremente, die noch nicht getrocknet sind.
Zu Füßen eines neuen Plateaus schnappst du vornübergebeugt nach Luft, betrachtest die Spuren, aber du begreifst sie nicht, da eine in diese Richtung führt, die andere in die andere, in die Richtung, aus der du gerade kommst.
Ein Blick über die Schulter.
Dort steht das Wesen.
Ausgelöst von einem Stein rieselt ein Schotterstrom den Abhang hinunter: Links oben steht noch so ein Wesen, nur der Oberkörper ist zu sehen.

Sie schauen nur zu, neugierig, unbeteiligt. Das Wesen hinter dir hält kurz seinen Kopf schräg, geht dann in die Knie, fast menschlich legt es den Kopf auf die linke Pfote, zuerst blinzelnd und dann die Augen fest zudrückend; seine Ohren zucken die ganze Zeit in alle Richtungen, die Flanken heben und senken sich ruhig. Gerade das beunruhigt dich, dass alles sicher scheint. Mit dem Daumen entsicherst du die Waffe. Ein Klicken. Das Wesen hinter dir strafft sich, dreht die Ohren von hinten nach vorn, bewegt den Schwanz, aber lässt dann doch den Kopf auf den Pfoten ruhen. Als würde es nach einem langen Ausflug todmüde ausruhen.

Du machst einen Schritt. Keine Reaktion. Du hast den Finger am Abzug. Du trocknest die feuchte Stirn an der Schulter. Noch ein Schritt. Kurz hörst du ein Grummeln aus der Kehle des Wesens hinter dir, aber als du dich hinhockst, hört es auf und legt sich entspannt hin.

Und dann hallt wieder Gebrüll von den Wänden, und sofort setzt sich das Wesen hinter dir in Bewegung, taucht der Kopf eines zweiten Wesens über dem Rand des Plateaus auf, und ein drittes lässt sich über die Kante fallen und gleitet mit gespreizten Krallen die Schutthalde hinunter: ein jüngeres Exemplar, niedriger und weniger wuchtig, aber dreister. Als auch das zweite Wesen den Abhang hinunterkommt, in deine Richtung, suchst du hinter dir Deckung in der Felswand. Wirklich nahe heran kommen sie noch nicht, sie scheinen nicht gleich angreifen zu wollen, so wie ihr Schwanz lässig hin und her wedelt. Mit hochgezogenen Lippen, knurrend wie der Motor eines Lastwagens, werfen sie den Kopf in den Nacken, schauen aber wieder an dir vorbei.

Und dann kommen sie.

Kurz fallen sie etwas zurück, hustend, als du einen Schritt nach

vorn machst und die Arme in die Luft wirfst, aber dann verteilen sie sich, ruhig, geschmeidig.
Das jüngste geht zum Angriff über, landet wenige Meter vor dir, brüllt aus aller Kraft und richtet sich in einer Staubwolke wieder zur vollen Größe auf. In der Hocke drückst du dich gegen die Wand, mit dem Daumen hast du die Waffe auf Automatik eingestellt. Die ältesten Wesen ziehen ab, aber das jüngste weigert sich so demonstrativ, dich anzuschauen, dass es dadurch nur noch einmal besonders betont, dass es extra für dich seinen Kopf ins Profil wendet, sein Maul bis weit übers Zahnfleisch aufsperrt, knurrend seine schwarz tränenden Augen zu Spalten zusammenzieht.
Es macht einige Schritte zur Seite und geht dann endlich weg, zu den anderen Wesen, die schon im Schatten liegen. Noch einmal wendet das jüngste seinen Kopf, aber es schaut an dir vorbei, als wärest du niemals da gewesen.
Erst dann bemerkst du die anderen. Wohin du auch schaust, überall keuchen sie oder liegen unter den Büschen. Keines der Wesen würdigt dich eines Blickes, aber es werden immer mehr, und sie rücken in deine Richtung auf, treiben dich vor sich her – du bewegst dich rückwärts, so dicht wie möglich an der Plateauwand entlang, die Waffe im Anschlag.
Du weißt, dass sie sich auf dich stürzen werden, sobald du anfängst zu rennen.
Du spürst totale Erschöpfung, als du dich nachts endlich hinlegst, die Knie gegen die Stirn, die Arme um die Knie. Während deiner Flucht vor der Gruppe, ein eiserner Besen, der dich wie ein Staubkorn über die Landschaft getrieben hat, wurdest du in einen Felsspalt gejagt, während das Rudel vor dessen Eingang liegen oder auch stehen blieb.

INTERLUDIUM 1

Rennender Mann,
Abbildung 59,
Animal Locomotion,
Eadweard Muybridge

Katzenartig. So werden seine Augen beschrieben. Alttestamentarisch: der Bart.
Bei seiner Geburt hieß er Edward James Muggeridge, was er zunächst in Muggridge und später, bei seiner Ankunft in Amerika, in Eadweard Muybridge änderte. Seine Fotos jedoch signierte er mit dem Namen Helios, dem griechischen Gott des Lichts. Besessen von einem Hunger, der niemals gestillt werden konnte, so gierig blickten sie in die Welt, die Augen von Eadweard Muybridge, der im 19. Jahrhundert mehr als 100 000 Aufnahmen von Tieren und Menschen in Bewegung machte. Mehr als 100 000! Stück für Stück Einzelbilder eines endlosen Films, in dem Katzen, Elefanten und Paviane rannten, Männer miteinander rangen, einen Diskus wegschleuderten oder auch beim Spazieren den Hut abnahmen, in dem Frauen ein Taschentuch vom Boden aufhoben, nackt eine Treppe hinabliefen oder sich mit angehobenem Rocksaum um ihre eigene Achse drehten und Kinder mit ausgestreckten Armen auf ihre Mutter zuliefen.
Muybridge fror die Bewegung eines galoppierenden Pferdes vor einem gerasterten Hintergrund ein und befestigte die Abbildungen auf einer drehenden Glasscheibe – wodurch er die Bewegung wieder zum Leben erwecken konnte. Als wollte er die Zeit anhalten, um sie dann wieder in Gang zu bringen. Die ersten Zuschauer verblüffte dieses Flackern, der Film warf seinen Schatten voraus.

Muybridge bewies nicht nur, dass alle Beine eines galoppierenden Pferdes gleichzeitig in der Luft waren, er lehnte auch die Idee des „entscheidenden Augenblicks“ ab, dieser Reflex-Moment, in dem der Fotograf abdrückt, um eine Aufnahme zu schaffen, die die Ahnung von etwas Größerem beinhaltet: der Sekundenbruchteil, in dem eine Frau über eine Pfütze springt und ihr Fuß das Wasser gerade noch nicht berührt.

Stattdessen ließ Muybridge Bewegungen auseinanderfallen in offensichtlich banale, absurde Posen. Die er in einem *Loop* verband. Dadurch wurde jede Fotoserie – zum Beispiel die zwölf Fotos, auf denen eine Frau einen Schirm öffnet – eine Variante der Sisyphos-Arbeit, der sinnlosen Pflicht, Mal um Mal einen Felsblock den Berg hinaufzurollen.
Oder war es Hartnäckigkeit? War es das, was er im Land der Verheißung, den USA, zum Ausdruck bringen wollte? Dass wir nie aufgeben sollen? Immer weitermachen?

Er fotografierte nicht nur Tiere und Menschen, sondern auch die junge Stadt San Francisco und schoss dramatische, monumentale Panoramen vom Yosemite Valley. Hierfür ließ er sich an einem Seil in den Abgrund hinunter, um genau aus diesem Blickwinkel den größtmöglichen Effekt zu erzeugen. Was Muybridge fotografierte, war nicht in erster Linie die Landschaft selbst, sondern die Sehnsucht nach einer großartigen Landschaft – eigenhändig ergänzte er Wolken und manchmal sogar unscheinbare Figuren, um den Himmel dramatischer und die Landschaft noch gewaltiger zu machen.

War Muybridge sozusagen ein Fotograf nach lebendem Modell? Mit all den abertausend Menschen und Tieren, die er, isoliert von ihrer Geschichte, fotografierte? Figuren, die nur durch ihr aktuelles Tun definiert wurden, nicht dadurch, was sie dachten, fühlten, sagten ... Sie gingen voll und ganz in ihrer Tätigkeit auf, bestanden nur aus einem Körper, der eine bestimmte Handlung vollführte.

Die Fotoserie Nr. 59 heißt *Running Man*. Ein Mann schnellt aus der Startposition und wirft sich mit kräftigen Armbewegungen nach vorn.
Auf eine sich drehende Glasscheibe gezeichnet und dann projiziert, scheint der Mann zu laufen, da unser Gehirn die Sprünge zwischen den einzelnen Bildern ausgleicht und uns einen rennenden Mann vorgaukelt – vielleicht etwas wackelig, aber unverwechselbar ein rennender Mann.

Und trotzdem ...
Je länger man diese *Loops* betrachtet, desto weniger sieht man die Figur und desto mehr die Sprünge.
Was geschieht in diesen schwarzen Millisekunden, in diesen Sprüngen? Was verbirgt sich darin? Etwas, das der rennende Mann aus den Augenwinkeln sieht? Etwas, vor dem er vielleicht weg-, oder worauf er zuläuft? Etwas, das vor ihm herläuft, wie ein Kaninchen vor dem Windhund?

Durch eine Landschaft rennt ein Mann, schnell, wie eine Flamme entlang einer Lunte.

Durch die gestrichelte Linie, die er mit jedem Schritt verlängert, taucht langsam die Kontur einer Landschaft auf.

Wir erfahren nicht, warum der Mann dort läuft oder wohin.

Nur der Mann weiß warum und kennt sein Ziel.

Dass er – trotz dieses Wissens – weiterrennt, das ist das Wunder.

III

Studie einer menschlichen Lunte

Der Mann läuft in den Felsen hinein, auf den Fersen die Wesen, die zunächst noch knurren, sich dann aber rasch hinlegen, hecheln, oder sich ausführlich putzen. Als hätten sie ihre Aufgabe erledigt.

Im Plateauspalt öffnet sich ein letztes Mal eine Nische, mit algenartigen Kletterpflanzen, Moosen – wie ein weiches, phosphoreszierendes, grünes Herz des Basaltfelsens. Zweige liegen herum.

Unter den Zweigen liegt etwas, das wie eine futuristische Maske aussieht, eine torffarbene Gasmaske mit Augenklappen und einem langen Mundstück, aus dem zwei aufeinander zulaufende Zweige ragen. Der Mann erkennt es erst am Unterkiefer, Zähne, geschichtet wie Schiefer, Kaulamellen wie verschlissene Riffel einer Stiefelsohle. Rippen, Knochen, Wirbel. Gigantisch groß.

Von der Decke des Plateauspalts, rund wie ein Vulkankrater, fällt Licht und also auch Regen hinein, das erklärt die Moosvegetation und vielleicht auch das Vorhandensein des Skeletts; vermutlich ist es einst, gehetzt von den Wesen, durch das Loch nach unten gestürzt.

Müdigkeit. Jahrhunderte der Müdigkeit, eine Geschichte der Erschöpfung. Der Mann legt sich hin, in diesem Palast aus Knochen und Elfenbein, die Knie gegen die Stirn gepresst, die Arme um die Knie geschlagen.

Die Überreste des Mammuts: ein Traum, der sich von ihm befreit, auf dicken, mit rostiger Wolle behaarten Beinen von ihm wegtrottet.

Der Mann sitzt im Schneidersitz. Auf seinen Knien liegt ein Stück Elfenbein, das ungefähr 40 cm lang ist. Er setzt ein spitzes Elfenbeinstück gleicher Länge auf das liegende. Als würde er seine Hände trocken reiben, bewegt er das Elfenbeinstück um die eigene Achse, so dass sich dessen Spitze in das untere Stück bohrt. Er legt flaumiges Haar um es herum. Durch die Reibung steigt nach einer Weile Rauch auf. Sobald das Haar Feuer gefangen hat, bläst er es vorsichtig an, ganz vorsichtig. Mit einem Messer schneidet er Elfenbeinsplitter ab, als würde er Käse raspeln. Über dem Feuer errichtet er ein Gerüst aus Elfenbein. Füttert das Feuer mit immer größeren Stücken. Als es aufflammt, baut er darüber aus den Stoßzähnen ein Elfenbeinzelt.
Die Rauchsäule wird in Richtung des Lochs gesaugt, schwarz wie ein Asphaltschlauch, der sich um die eigene Achse drehend nach oben windet.

Der Mann durchsucht den ganzen Plateauspalt, findet aber keinen Ausgang, nicht einmal einen, der kleiner als seine Hand wäre; der Raum ist eine große, von Basalt umschlossene Luftblase mit überhängenden Wänden, die zu einem Loch führen, das nur geflügelte Wesen erreichen könnten.
Er saugt die Moose und die Wurzeln der Schießpulverpflanze aus.
Er zerlegt seine Waffe, säubert alle Bauteile und setzt sie wieder zusammen.
Mittlerweile ist das Feuer erloschen. Er taucht einen Finger in

die Asche, im selben Augenblick ist dieser verschwunden: Es gibt kein schwärzeres Schwarz als den Ruß verbrannten Elfenbeins und verbrannter Knochen. Er schmiert sich von Kopf bis Fuß mit dem Ruß ein.

In der Nacht geht der Mann zum Eingang, jetzt ist er nicht mehr von den Basaltwänden zu unterscheiden. Deutlich weniger Wesen sind da, Weibchen vor allem, die ihre Jungen säugen. Junge, die schlafend übereinander liegen. Perfekte Ruhe.
Das leise Brummen eines Muttertiers, das etwas riecht, das es noch nie gewittert hat – es steht auf und untersucht die Luft mit gestrecktem Nacken –, ein Brummen, das nun andere Mütter aufgreifen. Da es nichts Verdächtiges entdecken kann, legt es sich wieder hin und leckt eines der Jungen sauber. Aber die Ruhe ist gestört. Eine der Mütter erhebt sich schnaubend, schüttelt ihr Junges von sich ab und kommt zum Eingang des Spalts, bleibt nur wenige Meter von ihm entfernt stehen. Kopf und Schwanz hin und her wiegend. Aber dichter kommt sie nicht heran. Sie geht zu einem anderen Wesen, stößt es sanft mit dem Kopf, legt sich auf den Rücken und schläft ein, das Bein des anderen Wesens über ihrer Schulter.

Eine Welle der Unruhe, als die ersten Männchen zurückkommen. In der mondlosen Nacht kann der Mann es nicht gut sehen, aber sowohl die Kleinsten als auch die Mütter stürzen auf die Männchen zu und bald hört er nur noch Gebrumm, hin und wieder unterbrochen durch das Schnaufen der Männchen und vom Schlürfen. Kein Wesen, das sich noch für den Spalt interessieren würde, in dem der Mann festsitzt.

Wenn die Wesen mit Beute zurückkommen, muss es noch andere Wesen geben, die sie jagen.

Ab jetzt ist der Mann von der Gruppe gebannt – Tag und Nacht bleibt er dicht am Eingang, starrt wie eine pechschwarze Fledermaus hinaus. Wie das Verhalten aller Wesen gemeinsam mehr das Verhalten der Gruppe bestimmt als das Verhalten eines Einzelnen. Häufig bewegen sie sich wie eine Masse über die Fläche, ein beweglicher Fleck, als würde der Fleck denken und Entscheidungen treffen. Aber niemals bewegt sich der Fleck weit vom Spalt weg.

Beschützt die Gruppe den Mann? Bildet die Gruppe einen lebenden Schild vor einer Gefahr, die er nicht kennt?

Manchmal zerstreut sich die Gruppe wie auf ein Fingerschnippen, in der Regel, wenn eines oder mehrere der Männchen auf einen unsichtbaren Befehl hin verschwinden. Meistens geschieht das bei Einbruch der Dunkelheit. Bei Rückkehr der Männchen, immer begleitet von einigen Weibchen, bilden die Wesen wieder eine Gruppe, als wäre ihre Welt formloser, wenn sie nicht alle da sind.

Wenn der Mann nicht die Gruppe studiert, klopft er die Kletterpflanzen mit Faustkeilen aus Elfenbein oder Basalt zu Fasern zurecht, die er dann zu Strängen dreht und die Stränge wiederum zu einem Tau, so stark wie ein Stahlkabel. Die Arbeit erfordert unendlich viel Geduld. Aufzugehen in der Tätigkeit. Nach einigen Tagen hat er ein meterlanges, aufgerolltes Tau und manchmal betrachtet er es, als erwartete er, dass diese

Schlange sich entrollen und in die Luft erheben würde, bis zu dem Loch in der Decke.

Die Gruppe hat eindeutig einen Führer, ein imposantes Wesen, dem bedingungslos gehorcht wird und um das die Weibchen herumstreunen. Er ist es, der die Gruppe auflöst, wenn er als erster aufbricht, und nur wenn er zurückkehrt, schließt sich das Ganze wieder wie eine Panzerung, die durch nichts und niemanden gefährdet werden kann. Im Mondlicht rollen seine Rückenmuskeln bei jeder Bewegung unter dem silbrigen Fell.

Ob sie intelligent sind?
Ob sie einfach so töten können?
Kurzum: Sind sie menschlich?

Eines Tages liegt eines der Weibchen dicht am Eingang, ein Junges zwischen den Pfoten. Sie leckt es sauber und versucht, es an seinem Nackenfell hochzuziehen. Gelegentlich schaut sie auf und schüttelt den Kopf. Nach einer Weile schleppt sie das Junge ein paar Meter weiter zu einem Grasbüschel. Sie legt es dort ab, aber es bleibt schlaff liegen, sogar nach einem Stups mit ihrer Pfote. Sie legt sich wieder zu den anderen Weibchen. Stunden später riecht sie am Jungen. Dann legt sie sich wieder zu den anderen Weibchen. Jetzt erst kommen ihre anderen Jungen wieder zu ihr, aber sie stößt sie von den Zitzen weg. Sie hat Blut an den Lefzen. Hat sie an dem Jungen gerochen oder ...
Am nächsten Tag ist das Junge ganz verschwunden.

Einmal versucht der Mann an einem ruhigen Tag – alle dösen vor sich hin, es ist drückend heiß – aus dem Eingang herauszukommen, aber sofort schließen sich die Reihen, und bevor das dominante Männchen den Mann erreicht hat, ist er schon wieder hinein geflüchtet, verschanzt sich hinter den Knochen, die Waffe im Anschlag. Die Geschwindigkeit, mit der das Männchen aus der liegenden Haltung in den Laufmodus umschalten kann, ist unglaublich.

Den Rest des Tages verbringt der Mann verbissen damit, weiter am Tau zu arbeiten. Aus dem Tau flicht er ein Netz. Als er es im Eingang aufhängt, beobachten ihn einige junge Wesen neugierig, mit geneigten Köpfchen.

Jedes Mal, wenn er pinkeln muss, erledigt er das durch das Netz und hofft, so sein Territorium zu erweitern.

Aus den Tauen baut der Mann eine komplexe Konstruktion, dafür macht er mit einem berußten Finger Berechnungen auf den Mammutknochen.

Plötzlich steht eines der ganz Jungen einen Meter weit im Spalt und betrachtet den Mann, stellt sich auf die Hinterpfoten und schlägt nach umherwirbelnden Staubteilchen, wird aber durch ein Raunzen zurückgerufen.

Die Gruppe ist in den letzten Tagen nervöser, leichter erregbar. Nachts ist die Aufregung bei der Rückkehr der Jäger verändert, weniger ausgelassen. Vielleicht sind die Reserven in der unmittelbaren Umgebung durch ihren langen Aufenthalt erschöpft, und der Hunger beginnt an ihnen zu nagen. Manchmal brechen Kämpfe zwischen den jungen Männchen aus, eine Unruhe, die

ohne deutlichen Anlass aufflammt: zwei Männchen, die sich ineinander verbeißen und zu einer rollenden Fleischkugel werden, von Staub umwölkt, aber sobald ein drittes Männchen sich einmischen will, greifen die älteren Wesen ein und trennen die Kampfhähne, wobei kräftige Hiebe ausgeteilt werden.
Die Jüngsten laufen leise klagend umher, aber es geschieht immer häufiger, dass die Mütter beim Saugen keine Geduld aufbringen können.

Am nächsten Morgen wird der Mann von Lärm geweckt. Eines der kräftigeren Männchen sondert sich humpelnd ab, offensichtlich wurde es bei der Jagd verletzt. Es strauchelt mehrere Male, bevor es die niedrigen Sträucher außerhalb des Sichtfelds der anderen erreicht. Sein Rücken hat einiges abbekommen, dunkelrote Streifen, Blut an seiner Hinterpfote. Aber es sind die Geschlechtsorgane, die abgebissen wurden.
Das Wesen liegt halb auf der Seite, die Wange auf den Vorderpfoten. Erst atmet es schneller, dann immer schwächer. Mit geschlossenen Augen. Bis sich nur noch seine strähnigen Haare bewegen. Die anderen Wesen reagieren nicht, einzig das dominante Männchen geht zu einem der Weibchen, hockt sich hinter es und besteigt es, während sie versucht, ihn über ihre Schulter hinweg zu beißen. An seinem Maul klebt Blut.

Der Mann fühlt sich schwächer, trotz seiner täglichen Liegestütze und Sit-ups. Er trinkt, indem er kurz vor Sonnenaufgang von Tau durchnässte Moose von der Wand erntet und aussaugt, aber allmählich ist der Vorrat aufgebraucht. Deswegen klettert er auf die Taukonstruktion, um höher zu suchen, und

findet dort, verborgen vor jedem, der auf dem Boden steht, eine Höhle, aus der Zugluft dringt.
Blitzschnell steigt der Mann wieder hinunter, um seine Waffe zu holen und dann zurückzukehren.

Dort fällt Licht herein, kurz vor der Biegung! Er läuft durch den immer enger werdenden Gang, muss sich hindurchzwängen, den Rücken an die Wand gepresst und die Arme erhoben, scheuert sich dabei den Bauch auf. Der Durchgang wird schon wieder breiter, und er kann ohne Behinderung weitergehen, bis er wieder an eine Engstelle kommt, und erst dann begreift er, dass der Gang im Kreis verläuft, in einem perfekten, geschlossenen Kreis, und dass das Licht von Rissen verursacht wird, die zu demselben Deckenloch führen, durch das er jede Nacht die Sterne sehen kann.
Gerade bevor der Mann hinab ins Netz steigt – seine Hände zittern so heftig, dass er die Finger weg vom Abzug halten muss, sonst schießt er das Magazin in den Fels leer –, läuft beim Eingang eines der Kleinsten umher, das durch das Netz geflutscht ist, und versucht einen Grasbüschel zu packen, den der Luftzug über den Boden weht.
Der Mann versucht, nicht zu atmen.
Fleisch.
Er hebt seine Waffe, zittert aber zu sehr.
Fleisch. Das ist alles, was er denkt.
Der Kopf des Jungen im Visier.
Zartes Fleisch. Sagt der Mann.
Das Junge erschreckt sich durch die Stimme und schießt so schnell weg, dass es ausrutscht und ins Netz knallt, bevor es laut plärrend davonläuft.

Der Mann ist so enttäuscht und außer sich, dass er in dieser Nacht nicht nur alle ihm verbliebenen Wurzeln der Schießpulverpflanze zerkaut, sondern auch anfängt, mit Mammutwirbeln zu werfen, schließlich das ganze Zeug anzündet und sogar die brennenden Rippen und Knochen durch das Netz nach draußen wirft, wodurch sich die wenigen Grasbüschel in der Nähe entzünden. Nackt steht er dort hinter dem Netz, flucht und jauchzt, stößt Verwünschungen und Obszönitäten aus, wodurch die zurückgebliebenen Weibchen ebenfalls rasend werden. Sie fangen erst an zu knurren und brüllen dann gemeinsam, so dass der Mann sich letztlich ganz hinten im Spalt versteckt, die Waffe im Anschlag. Unaufhaltsame Lachkrämpfe wechseln sich ab mit Hustenanfällen, verursacht vom fetten, rußigen Rauch.

Sechs Elfenbeinkegel pflanzt er in die Erde. Schon den ganzen Tag ist er mit den Seilen beschäftigt.
Als die Kegel ausgebrannt sind, schmiert er sich mit Ruß ein.

Am Ende eines Taustücks hat er mit Moos eine Figur festgemacht, die er tanzen lassen kann. Sobald die Gruppe schläft, wirft er sie so weit wie möglich durch die Maschen des Netzes.
Er wartet, bis das eine Junge aus eigenem Antrieb losläuft. Behutsam zieht der Mann am Seil, so dass sich die Puppe bewegt und die Aufmerksamkeit des Jungen fesselt. Das Kleine hält auf die Puppe zu, zieht sich aber ängstlich zurück, sobald sie sich wieder bewegt. Das Kleine, ein Männchen, stolziert mit seitlichen Schritten, versucht einen Scheinanfall, stolpert über seine eigenen Pfoten, springt aber sofort wieder auf und greift wirklich an.
Mit einem Ruck zieht der Mann die Puppe näher heran.
Das Junge springt und beißt sich im Moos fest.
Der Mann zieht es bis ans Netz heran, dabei lässt das Junge los. Quälend langsam zieht der Mann die Puppe in den Eingang hinein.
Das Junge zögert.
Die Puppe hängt jetzt an einer Astgabel fest und sobald der Mann an ihr zieht, fängt sie an zu tanzen.
Das Junge kennt kein Halten mehr, und der Mann packt es im Nacken. Bevor es aufschreien kann, hat er den Kopf und die Pfoten schon mit dem Tau gefesselt und legt es in eine Ecke.

Der Mann braucht eine Stunde, um die Taukonstruktion umzubauen und in den Spalt hinein zu führen.
Die Mutter scheint das Kleine nicht zu vermissen und schläft in den Armen einer anderen Mutter.

Der Mann kontrolliert seine Waffe.

Er setzt sich hinter die Konstruktion und legt das Junge zwischen seine Beine. Das Ende des Seils, mit dem es gefesselt ist, befestigt er an seinem eigenen rechten Fuß.

Die Waffe liegt griffbereit.
Er macht das andere Ende des Seils los, so dass der Kopf des Jungen wieder frei ist.
Noch in der gleichen Sekunde fängt es an zu schreien.
Noch in der gleichen Sekunde blickt die Mutter suchend umher.
Geschrei des Kleinen.
Wie ein elektrischer Schlag. Mit einem Ruck wendet sich die Mutter dem Eingang zu und läuft los.
Mit gefletschten Zähnen springt sie ins Netz.
Das sich um ihren Hals zuzieht.
Sie würgt.
Ihr Kopf sitzt unwiederbringlich fest, aber der ganze Körper windet sich, schlägt mit den Krallen.
Ein Schuss reicht aus.
Ins Auge.
Der Knall des Schusses hallt an den Plateauwänden wider. Die Hölle bricht los. Die ganze Gruppe, in heller Aufregung, weiß durch die widerhallenden Echos nicht, woher der Schuss kam.
Der Mann hat den Kadaver schon weggeschleppt und das Netz

vor dem Eingang befestigt. Und das Maul des Jungen wieder zugebunden.

Merkwürdig, wie schnell die Ruhe zurückgekehrt ist. Niemand vermisst Mutter und Junges.

Der Mann wetzt das Messer an der Wand und häutet die Mutter, indem er den Körper vom After bis zur Kehle einschneidet, er arbeitet außergewöhnlich sorgfältig, damit das Bauchfell intakt bleibt und die Gedärme nicht herausquellen. Das Fell hängt er zum Trocknen über zwei Mammutrippen.

Er benötigt eine Stunde, um die Konstruktion nochmals umzubauen und eine weitere halbe Stunde, um sie auszuprobieren und wieder herzurichten.

An den Schultergelenken des Weibchens befestigt er ein Seil, verknotet dieses mit der Taukonstruktion und schleppt den Kadaver an die vorgesehene Stelle.

Der Mann schleppt den Schädel des Mammuts in die Mitte der Kammer. Genau zu der Stelle, auf die das Sonnenlicht in einer Viertelstunde fallen wird – jener eine Wassertropfen, der von der Decke fällt, geradewegs auf die Flamme jener einen Kerze, die am Rand des Tisches in einem Saal steht.

Der Mann zieht sich aus, zieht dann die Schuhe aber wieder an. Jeden Millimeter seines Körpers reibt er mit dem Elfenbeinruß ein. Nur Handflächen, Fußsohlen und Augäpfel nicht – aber sogar die Zähne und das Zahnfleisch schwärzt er.

Er hängt sich das Fell der Mutter um die Schultern, den Schädel mit den langen, säbelartigen Zähnen wie eine Kappe über den eigenen Kopf.

Er treibt das Messer hinter das Ohr des Jungen und lässt es über seinen Bauch ausbluten, so dass es über sein Geschlecht und an seinen Beinen entlang hinabtropft. Ein umgedrehtes V.

Er kniet sich vor den Eingang, unter die Konstruktion. Als würde er beten.

Eines nach dem anderen betrachtet er die schlafenden Wesen durch das Visier, bis er das dominante Männchen gefunden hat, das auf der rechten Seite schläft, die Beine an ein Weibchen gelegt.

Der Mann atmet ruhig ein und aus. Legt den Finger auf den Abzug. Atmet ruhig ein, atmet ruhig aus. Er feuert eine Kugel genau hinter das Ohr des Weibchens, das an den Beinen des dominanten Männchens schläft, woraufhin es sich im Schlaf kurz aufbäumt.

Dann bäumt sich die ganze Gruppe auf. Das dominante Männchen drückt Bauch und Kopf gegen die Erde, während der Schuss nachhallt.

Der Mann legt auf das andere Weibchen an, ungefähr einen Meter rechts vom dominanten Männchen. Genau zwischen die Augen. Das Männchen drückt sich jetzt vollkommen flach auf die Erde. Das Echo. In Panik läuft die Gruppe durcheinander.

Das erste Männchen fängt an zu brüllen und läuft auf den Spalt zu.

Der Mann schaltet das Männchen aus. Echo.

Der Mann feuert eine Kugel in die Schulter des dominanten Männchens, das zunächst stürzt, sich dann aber sofort wieder aufrichtet, den Kopf schüttelt und auf die Spalte zurennt. Nochmals feuert der Mann. Echo. Aber das Wesen fliegt nur in die Höhe, als würde es in der Luft laufen, und in seiner Wut hat es die ganze Gruppe im Schlepptau, wirklich alle Wesen kommen in Bewegung und rennen auf die Spalte zu.

Der Mann muss nicht einmal mehr schießen. Wie ein einziger Körper, das dominante Männchen an der Spitze, stürzen sie in den Eingang hinein und setzen die Taukonstruktion in Gang, eine Reuse, die sich um sie herum zusammenzieht, um die ganze, hereinströmende Herde. Und bei jeder Bewegung zieht sich das Netz noch enger um sie zusammen. Und durch ihr Gewicht (elementare Physik) und ihre Wut (elementare Psychologie) heben sie das Gegengewicht, den gehäuteten Leib des Weibchens, in die Höhe. Er pendelt hin und her, wird aber bald still stehen.
In Kürze tropft das Blut totenstill aus dem Kadaver, dicht über dem wimmelnden Netz. Knapp davor liegt der Mammutschädel und wird in zwei Minuten genau in der Mitte eines perfekten Kreises aus Sonnenstrahlen aufleuchten.

Danach wird es nur wenige Stunden dauern, bis sich die Wut und die Angst und schließlich die Verzweiflung der gefangenen

Wesen vermischen mit dem Hunger, und sie sich im Tau wie Rasende, knurrend und schnaufend übereinander kletternd – es ist stärker als sie selbst – mit ihren viel zu langen Eckzähnen bis aufs Blut ineinander verbeißen, quer durch den anderen beißen, Wesen, die sich in größeren Wesen festbeißen, die festhängen in noch größeren Wesen, einander zerreißend, um als erster zu dem langsam vor sich hin tropfenden Kadaver der Mutter zu gelangen.

Als der Mann nach draußen kommt, endlich heraus, sieht er, dass die Blumen auch dieses Plateau erreicht haben. Rote Proteas.

Während er vorübergeht, versucht ein angeschossenes Männchen sich kriechend aufzurichten, um mit der Pranke auszuholen, aber es bricht auf seinem kaputten Bein in sich zusammen.

Beim Schlafplatz des dominanten Männchens bückt sich der Mann kurz nach dem Rucksack.

Zum ersten Mal, wie lange ist das her – der Mann saugt die Lungen voll mit sauberer Luft ... Zum ersten Mal seit langer Zeit hört er das Summen einer Fliege.
Und noch eine. Und noch eine.

Mit der rechten Hand hält der Mann den orangefarbenen Rucksack in die Luft.

Endlich fängt er wieder an zu rennen.

INTERLUDIUM 2

Rennender Mann, Abbildung 62, *Animal Locomotion*, Eadweard Muybridge

Der erste Apparat, der künstlich Bewegungen zeigt, fotografiert nach dem wirklichen Leben. So beschrieb Eadweard Muybridge sein Zoopraxiskop, den Apparat, mit dem er Fotoserien zum Leben erwecken konnte: ein galoppierendes Pferd, einen Mann, der vom Rücken eines galoppierenden Pferdes herunterspringt, Paviane, die auf einen Baumstamm klettern ...

Auf eine Glasscheibe wurden nicht etwa Fotos montiert, sondern Silhouetten des rennenden Mannes gemalt, für jede Bewegungsphase eine Silhouette. Auf dem ersten Foto berührt der linke Fuß des Mannes beinahe den Boden und elf Bilder später berührt der gleiche Fuß wiederum beinahe den Boden. Dazwischen sehen wir den gesamten Laufzyklus des linken und rechten Beines, den leicht vornübergebeugten Kopf auf dem aufrechten Oberkörper und das kräftige Schwingen beider Arme. Die Glasscheibe rotierte im Kreis und wurde dabei beleuchtet, so dass man die Silhouetten projizieren konnte, und ein schwarzes Männchen durch eine Welt ohne Ton und Farbe lief.

Später konnten in einem komplizierten Prozess Fotos auf die Glasscheibe aufgebracht werden, was die Illusion der Wirklichkeit verstärkte. Dadurch wurde der Mann aber auch einsamer in einer Welt, die gleichzeitig nichts und alles mit unserer gemein zu haben schien. Obwohl weder Schmerz noch Kummer aus seinem Gesicht abzulesen waren, blieb der Raum, in dem er sich bewegte, ihm gegenüber gleichgültig, wie das Universum, aber radikaler. Es schien, als käme er trotz des unaufhörlichen

Rennens keinen Zentimeter näher an sein Ziel heran – weil er immer auf derselben Stelle lief, grub er eine Grube mit seinen Füßen, immer tiefer.

Eines Tages, ich war bislang nur einmal in dem Museum gewesen, um den Film anzuschauen, unterbrach ein Aufseher das Zoopraxiskop. Er trug weiße Handschuhe, nahm die Scheibe heraus und zeigte sie den Besuchern. Eine gläserne LP. Auf dem Rand elf Silhouetten des rennenden Manns. Elf Silhouetten – nicht etwa zwölf – auf einer flachen, gläsernen Scheibe. Das Zifferblatt einer Wanduhr. Auf der 1 Uhr fehlte.

In genau dieser entfallenen Stunde rennt der Mann herum.

Schwarz auf weißem Hintergrund. Das Männchen. In jeder Phase seiner Laufbewegung bildet sein Körper einen Buchstaben einer Sprache, die wir nicht lesen können, aber den gesamten Satz, den er bildet, begreifen wir durchaus mit unserem Reptiliengehirn. Unermüdlich schreibt das Männchen den gleichen Satz. Dass er ein Schatten ist, der seinen Körper sucht.

Und was antworten wir, über das Männchen gebeugt wie ein Fragezeichen? Dass wir ein Körper sind, der auf seinen Schatten wartet.

IV

Studie eines Mannes, der auf seinen Schatten wartet

Wen möchtest du als Letztes sehen, wenn du stirbst?

Rauschen in der Sprechanlage.
Die Beleuchtung fällt aus. Jeder sitzt vornüber gekrümmt. Ein Beben läuft durch das Stahlskelett, aber das ist noch nichts, verglichen mit dem, was noch kommen wird. Die Handys haben keinen Empfang – wem hättest du schnell noch etwas sagen wollen, zuflüstern?
So groß ist die Stille.
Ich kann das Gepäck hinter den Klappen der Ablage, direkt über unseren Köpfen, beinahe *spüren*: all die Taschen, Beutel, Köfferchen, Geschenke. Sie sind jetzt nur noch Gewicht, scharfe Kanten.
Die Stille ist massiv, wächst jede Sekunde.
Meine Stirn lehnt an einem Kissen, die Hände habe ich schützend über den Nackenwirbeln gefaltet, die Augen lasse ich offen: Aus dem Kissenstoff schaut eine flauschige Feder.

Das Flugzeug setzt auf – wie der Knall eines explodierenden Autoreifens direkt neben deinem Ohr, gefolgt von einem ohrenbetäubenden Getöse aus Stahl und heulenden Motoren ...

Jemand klettert über mich hinweg. „Tot“, jammert eine Frau, „alle sind tot.“
Es ist unendlich schwierig, die Feder zu packen, die an meinem Kissen hing, jedes Mal schwebt sie durch meine Fingerspitzen.
Da ist noch eine. Und noch eine. Überall Federn.
Und plötzlich stehen sie alle still in der Luft.
Ich bin tot.
Aber.
Jemand, der meine Schuhe trägt, richtet sich in mir auf, in den Knien, in der Hüfte – ein Traum, der sich vom Träumenden befreit –, nimmt meinen Rucksack aus der aufgerissenen Gepäckablage und geht weg. Ich sitze immer noch vornübergebeugt, kann aber sehen, wie er sich entfernt.
Die Federn glühen auf im Dunkeln.
Wie ich die Hand nach ihnen ausstrecke.
Bis auch meine Hand bewegungslos und weiß ...
Diese überwältigende Stille.
In dieser überwältigend weißen Landschaft.
In der ich stehe.
Stehe.
Die Hand ausgestreckt nach einer Feder, die in der Luft schwebt.
Unter meiner Hand.
Wie eine Schneeflocke, die nach oben fällt.

Am Rand des Strandstreifens steht ein bärtiger Mann und schaut in meine Richtung. Er winkt mir nicht zu, keine einzige Bewegung macht er, er steht dort mit verschränkten Armen, als warte er auf den Bus, als würde er dort schon seit Jahren stehen. Eine Frau in einem roten Kleid kommt eilig auf mich zu, sie schaut einfach durch mich hindurch, sie läuft jammernd an mir vorbei. Sie läuft durch die dunkle Furche, die das Flugzeug in den feuchten Sand gezogen hat – sie trägt doch kein rotes Kleid, sondern ein weißes – und beim Wasser angekommen beugt sie sich nach vorn und läuft wieder auf mich zu – das ist Blut auf der Vorderseite ihres Kleides und das Blut ist noch nass. Das Wasser, das sie mit den gefalteten Händen geschöpft hat, wirft sie auf das schwelende Flugzeug, kaum ein paar Tropfen, und sofort läuft sie zum Wasser zurück – jetzt erst kapiere ich, dass das Flugzeug in zwei Teile zerbrochen ist und dass die eine Hälfte in Flammen steht.
Die Frau rennt unaufhörlich hin und her, bis sie zusammenbricht. Ihr Fuß zittert heftig.

Das Ganze sieht aus wie eine Müllkippe, mit wehenden Plastikfetzen, Stümpfen von irgendwelchen Dingen, Scherben, Stahlstücke, bizarr verbogen. Aus dem rauchenden Cockpit hängen Kabel heraus. Das Feuer muss jetzt auch den zweiten Teil erreicht haben, denn die weißen Ränder werden schwarz und rollen sich auf. Das Schwarz frisst sich immer weiter. Über dem Flugzeug flimmert die Luft.

Jemand, der mir ähnelt, kommt hinter dem Flugzeug hervor, kommt auf mich zu und setzt sich, nimmt in mir Platz, in meinen Schuhen und meinen Knien, Hüften, Beinen, Rumpf.

Das Geräusch des Windes.
Des Meers.
Der alte Mann kniet sich hin, befühlt den Hals der Frau und fängt an, Sand über sie zu werfen, der wie Rauch aussieht, so schnell verweht er im Wind. Der Mann kann nur eine seiner Hände benutzen, der linke Arm liegt auf den Oberschenkeln. Ihre Haare schauen aus dem Sand hervor. Das hat keinen Sinn. Der Mann legt sich neben die Frau, er stabilisiert seinen kaputten Arm mit dem anderen am Körper. Aus dem Ärmel schaut ein Knochenstück.

Das Geräusch von Fliegen.

Ich hocke mich zu dem Mann, aber er scheint mich nicht zu bemerken.
Als ich meine Hand auf seine Wange lege, dreht er den Kopf und schaut an mir vorbei. Ich spreche leise zu ihm, dass Hilfe unterwegs ist, dass er bei mir bleiben muss, dass sie jeden Augenblick hier sein können. Er blinzelt nicht, sogar dann nicht, als ein Grasbüschel über sein Gesicht weht.

Erst denke ich, das wäre ein Hund am Rand des Wäldchens, bis er sich auf seine Hinterbeine stellt, und der Pavian losläuft, ein geballtes, muskelbepacktes Laufen, er reißt sein Maul mit den gelben Zähnen auf und dann springt er auch schon auf mich zu. Aber sobald ich ausweiche, existiere ich schon nicht mehr.

Der Pavian setzt sich ruhig neben dem Mann auf sein Hinterteil. Dutzende, manche mit Jungtieren. Auf ihre Fäuste gestützt. Im Hohlkreuz.
Der Pavian nimmt das Hemd des Mannes zwischen zwei Finger. Mit einem Finger öffnet er die Brusttasche des Mannes und schaut hinein. Ich gehe rückwärts, stolpere über ein Stück des Flügels und sehe, wie er behutsam die Hosentaschen durchsucht. Er nimmt etwas aus der Tasche, ich sehe nicht genau, was, er wirft es sofort über seine Schulter. Er nimmt die Brieftasche aus der Hose des Mannes. Er zerreißt nichts, sondern betrachtet jeden Zettel, bevor er ihn hinter sich wirft. Danach greift er in Richtung der Frau.

Sobald ich mich umdrehe – jetzt bloß nicht rennen, nicht rennen –, löst sich jemand, der meine Schuhe trägt, aus meinen Knien, von meiner Hüfte und rennt los. Mit meinem Rucksack auf dem Rücken. Er läuft ein paar Schritte ins Meer, wirft sich nach vorn und schwimmt mit kräftigen Armzügen fort. Ein Traum, der nichts mehr mit dem Träumenden zu tun hat.

Ich hebe zwei perfekt geschliffene, ovale Steine aus der tiefen Furche auf. Sie sind schwerer, als ich angenommen hatte. Ich habe Schmerzen im linken Schulterblatt. Die Furche stinkt nach Treibstoff und Teer. Ich laufe an der Wasserlinie entlang, was sollte ich sonst tun? Paviane haben Angst vor Wasser, denke ich, hoffe ich. Die Steine trage ich in den Händen. Strauße stolzieren zwischen den Pavianen umher. Bei jedem Schritt heben sie die Füße weit in die Höhe, als wäre der Sand zu heiß.

Hinter den niedrigen Wäldchen und den Bäumen liegen in Nebel getauchte Berge.

Ich halte maximalen Abstand von den Pavianen, bleibe aber möglichst nah am Flugzeug. Mein Handy habe ich ausgeschaltet, um den Akku zu schonen – ich habe hier ohnehin keinen Empfang. Immer noch steigen aus dem Wrack Rauchsäulen auf, die kilometerweit zu sehen sein müssen. Schon vor Stunden hätten wir eigentlich landen sollen, man sucht sicherlich bereits nach uns. Es wird nicht mehr lange dauern, bevor die Nacht einbricht – die Hitze nimmt schon ab, die Paviane verschwinden in kleinen Gruppen in den Wäldchen. Das Meer hat sich weiter zurückgezogen, und ich habe mich in einer kleinen Felsformation am Strand verschanzt. Bei jedem Atemzug flammt der Schmerz in meinem linken Schulterblatt auf. Wenn ich mich auf meinen Händen abstütze, um mich hinzulegen, scheint das Schlüsselbein nicht länger mit der Schulter verbunden zu sein. Meine Arme sacken weg, ich schaue zur Seite und sofort wieder geradeaus: so heftig wirbelt es in meinem Kopf, mir wird so schlecht, dass ich buchstäblich spüre, wie das Blut aus meinem Kopf weicht. Ich stürze gegen einen der Felsen. Schließlich liege ich.

Eine Wolke am blauen Himmel.
Das gelbweiße Gesicht des bärtigen Mannes.
Die Frau mit dem blutigen Kleid.
Eine Hand, die auf mir lag, während ich aus dem Wrack kroch.
Ich will nicht denken.
Ich. Will. Nicht. Denken.
Eine Wolke im blauen Himmel.

Eine Wolke im blauen Himmel.
Das möchte ich denken.

Ich kann nicht aufstehen, meine Bauchmuskeln sind wie zerschnitten. Auch auf der Seite zu liegen ist unmöglich, da mir bei der kleinsten seitlichen Bewegung schwindelig wird. Ein hervorstehendes Felsstück bohrt sich in meinen Rücken. Ich lege den Kopf so weit als möglich in den Nacken, winkle meine Knie an, drücke mich auf meinen Ellenbogen nach oben, drücke mich auf meinen Fußsohlen nach hinten, so dass ich mich mit Rücken und Hinterkopf Zentimeter um Zentimeter am Fels entlang in die Höhe schiebe. Bis ich mich hochstemmen kann und, einen Arm um den Felsen, mehrfach verbogen, würgend nach Luft schnappe.

Rote Schleier in der Luft über dem Meer. Ich halte die zwei glatten Steine in den Händen. Die Berge sind in Nebelbänke getaucht.

Der Strand ist verlassen. Ich drücke die Schultern nach innen, um den Druck auf das Schlüsselbein zu reduzieren und schleppe mich durch den Sand zum Wrack. Noch immer stehen über dem Wrack zwei Rauchsäulen, bewegungslos, da sich der Wind gelegt hat. Den rechten Flügel hat das Triebwerk halb in den Sand gebohrt. Auf dem Triebwerk hockt ein gelbes Vögelchen, das wegfliegt, als ich mich der Tragfläche nähere, nicht panisch, es bewegt einfach die Flügel, lässt sich hinabsinken, steigt mit einem Stoß der Flügel auf, lässt sich wieder absinken, eine Wellenlinie, die nur von den Zweigen eines Baums unterbrochen wird. An die es sich wie eine Zitrone hängt.

Ich laufe über die Tragflächen nach oben, bleibe aber auf halber Strecke stehen. Was zum Teufel glaube ich denn hier zu finden? Es dauert nicht mehr lang, dann kommen sie und retten mich. Wenn sie aber nicht ...
Im Inneren des Wracks muss die Luft so vergiftet sein, dass ich es keine Minute lang aushalten würde.

Aus dem Cockpit scheint Öl zu tropfen, aber es sind Ameisen, eine dicke, glänzende Kordel aus Ameisen.

Die Nase des Flugzeugs ist zertrümmert, aus den Löchern hängen Fetzen hellgelben Isolierschaums und ein Durcheinander von Kabeln. Auf dem Boden liegt ein Schuh. Nur ein toter Körper ist schlaff genug, damit ein Schuh einfach so vom Fuß herunterrutscht. Durch das zerbrochene Glas kann man Brandflecken sehen. Ich trete den Schuh unter die Flugzeugnase.

Auf der anderen Seite ist das Flugzeug vollständig aufgerissen – merkwürdig, dass ich das nicht bemerkt hatte, als ich über die Sitze und menschliche Gliedmaßen gestiegen bin, um zum Ausstieg zu kommen, so dass ich mich über die Tragfläche nach unten abrollen konnte. Das späte Sonnenlicht fällt herein wie durch das eingestürzte Dach eines Kinosaals, die durcheinandergewirbelten Sitze, das herausgequollene, rote Futter der Sitze – nicht auf die Körper schauen! Aber man kann kaum Körper unterscheiden. Alles ist schwarz, geschmolzen, verkohlt, mit Asche bedeckt.
Beim besten Willen, ich kann mich nicht erinnern, wo ich saß.
Hier und da gibt es unversehrte Teile.
Nicht auf die Körper schauen!

Ich versuche ein Gepäckfach zu öffnen, ich hämmere erst mit dem Kopf und dann mit der Schulter dagegen, da ich den Arm nicht mehr hoch genug anheben kann. Dann klappt es auf, und ich kann den Inhalt nicht aufhalten, ich werde nach hinten geworfen, hinein in die verkohlten, bröckeligen Trümmer. Wegen der aufstiebenden Asche und den Schmerzen in der Schulter kann ich kaum atmen. Es ist gar keine Asche, es sind Fliegen, die aufsteigen und sich wieder niederlassen.
Im Augenwinkel ...
Das Geräusch von zigtausend Fliegen. Fluchend und angewidert versuche ich aufzustehen, und dann fängt alles an, sich um mich zu drehen und ...

Erstaunlicherweise ist das Gepäck, das ich nach draußen gezerrt habe, vollkommen unbeschädigt, es stinkt zwar nach Verbranntem, aber hier stinkt alles. Insgesamt sind nun fünf kleine Koffer, eine Handtasche, eine Jacke, ein durchsichtiger Beutel mit verschiedenen Flüssigkeiten und eine federleichte Papiertüte um mich herum verteilt.
Durch den Aufprall wurden auf dieser Seite einige Sitze nach draußen geschleudert. Da Fliegen um die Sitze schwärmen, beschließe ich, nicht in diese Richtung zu gehen.
Mit dem Fuß kippe ich einen der Koffer um – schwarzes Leder, sehr elegant, teuer.
In der Papiertüte steckt eine Stange Zigaretten. In meiner Hosentasche suche ich das Feuerzeug. Tief inhaliere ich den Rauch, schließe die Augen, lege den Kopf in den Nacken, atme langsam wieder aus. Sobald die Zigarette zu Ende geraucht ist, nehme ich eine zweite und gehe zur Nase des Flugzeugs. Auge in Auge mit dem gelben Vögelchen, das hochspringt, einige Sekunden auf der Stelle flattert und dann in Wellen fortfliegt, um nur wenige Meter entfernt auf dem Boden sitzen zu bleiben. Und sogleich wieder hochfliegt, diesmal zur Nase des Flugzeugs, wo es sich kopfüber an eine der elektrischen Leitungen hängt. Ich zünde meine zweite Zigarette an. Mit schiefem Köpfchen schaut der Vogel dem abziehenden Rauch nach, hüpft hoch und fliegt zu den Bäumen hinüber.

Das Licht hat sich verändert. Ich muss rasch einen Ort finden, an dem ich in Sicherheit die Nacht verbringen kann. Nicht bei

den Bäumen, in dieser Richtung verschwanden die Paviane, nicht im Wrack – ich darf nicht einmal daran denken –, wegen der Flut auch nicht zwischen den Felsen am Meer. Am Triebwerk baue ich mir aus den Koffern einen Verschlag, in den ich gerade hineinpasse. Ich kann die Beine nicht ganz ausstrecken. Ich zünde eine Zigarette an und blase den Rauch durch die Ritzen, dann ordne ich die Koffer neu an und verbinde sie miteinander, indem ich den Gurt des einen in der Schnalle des nächsten festzurre.
Schmerzen im Nacken.
Stille.
Das Summen der Fliegen hat aufgehört. Schnell werden Bäume und Sand schieferfarben und lösen sich danach in einem einzigen Augenblick im nächtlichen Schwarz auf. Sterne. Die Milchstraße. Die niederschmetternde Erkenntnis, dass ich einen Flugzeugabsturz überlebt habe. Ich.

Es gelingt mir nicht, in dem Verschlag eine bequeme Haltung einzunehmen. Während des seltenen Dämmerschlafs schrecke ich aus Atemnot auf und schlage so wild um mich, dass sich einer der Koffer über mir löst, und ich ihn mit meinem Kopf wieder zurechtrücken muss, wodurch mir schwindelig wird. Gleichzeitig habe ich eine solche Angst davor, mich übergeben zu müssen, dass ich schweißnass minutenlang nach Luft schnappe.
Ein Schnüffeln. Ganz in der Nähe. Kratzen an einem der Koffer. Knurren. Heftigeres Kratzen, die Koffer geraten in Bewegung. Zitternd nehme ich zwei Zigaretten aus dem Päckchen und zünde sie an. Ich fülle den winzigen Raum mit Rauch und nehme schon die nächste Zigarette. Ich ziehe den Pullover über

Nase und Mund und versuche, so flach es nur geht zu atmen. Das Kratzen hat aufgehört, aber ich höre, wie sie im Flugzeug herumstöbern. Da wird genug herumliegen. Vorläufig. Wie an den Fressgeräuschen zu erkennen ist. Und dem Blaffen.
Ich rauche in dieser Nacht eine Zigarette nach der anderen.

Als das Licht durch die Ritzen dringt, bin ich mir nicht sicher, ob ich nicht besser in meiner Hütte bleiben sollte. Mit den Lippen nehme ich eine neue Zigarette aus dem Päckchen, ohne sie jedoch anzuzünden. Meine Blase ist voll. Vorsichtig schiebe ich einen der Koffer mit dem Fuß zur Seite. Kein Pavian weit und breit.
Während ich pinkle, fliegt das gelbe Vögelchen in meine Richtung, schwenkt dann aber ab und verschwindet hinter der zerbrochenen Cockpitscheibe. Der Gestank ist anders als gestern, es riecht weniger nach Verbranntem. Aus dem Wrack dringen keine Rauchwolken mehr, aber ein leicht violetter Schleier hängt über ihm.
Ich traue mich nicht zur Rückseite des Flugzeugs, aus Angst, dass die Tiere heute Nacht etwas herausgewühlt haben könnten. Unterhalb des Cockpits rauche ich die Zigarette, aber das gelbe Vögelchen zeigt sich nicht. Ein Stück entfernt waschen sich Strauße mit Sand. Ich schaue zum Cockpit und pfeife. Und erschrecke mich zu Tode, als der Kopf eines Pavians zum Vorschein kommt. Mit gelben, flatternden Flügeln zwischen den Lippen. Sein erstaunter Blick. Sofort taucht er wieder ab. Ich renne zu meinem Verschlag, und meine Hände zittern so, dass es viel zu lange dauert, bis ich den Gurt des letzten Koffers verschnürt habe.

Handy einschalten.
Kein Empfang.
Handy ausschalten.

Je höher die Sonne steigt, desto durchdringender wird der Gestank. Ich öffne den ersten Koffer: zwei Bücher in einer mir unbekannten Sprache, ein roter Schal, eine versiegelte Plastiktüte mit einem Parfümflacon und eine Dose Haarlack, Papiertaschentücher, Kaugummi. Den Haarlack stecke ich in meine Jackentasche. Nachdem ich den Schal mit dem Parfüm besprenkelt habe, binde ich ihn mir vor Nase und Mund.
In einem der Bücher liegt das Foto eines Kindes als Lesezeichen. Ein Mädchen.
Mit Lotus parfümierte Taschentücher. Kleingeld. Ein Teddybär.
Aus den anderen Koffern nehme ich sechs Fläschchen Wasser, eine davon trinke ich aus.
Ich stecke alles in eine lederne Hüfttasche.

Aus welchem Grund auch immer kommen die Paviane nicht zu mir herüber, als stünde dort eine unsichtbare Wand, die nur sie sehen können. Die ganze Kolonie döst, nur der größte Pavian blickt kurz auf, als ich hinter der Nase des Flugzeugs auftauche, unternimmt aber nichts.

Mir ist, als könnte ich nur ganz kleine Mengen Luft einatmen, so benommen bin ich.

Und dann ist da plötzlich das Pavianjunge. So ein plüschiges Junges, das auf den Händen steht. Und auf den Kopf fällt. Mit seinem rosa Plastikpo. Und diesem Schwanz. Und diesem Altmännergesicht mit den durchschimmernden Ohren. Es fällt auf den Kopf, rollt auf den Rücken und bleibt einige Sekunden so mit gespreizten Beinen liegen.
Dann greift es sich etwas von der Erde.
Und wirft es weg.
Und purzelt hinterher.
Und wirft es wieder in die Luft.
Und hebt es auf, beißt hinein. In diesem Augenblick erkenne ich es. Es ist ein Ohr. Ein menschliches Ohr. Und erkenne. Überall. Körperteile. Ein Flugzeugsitz mit einem kleinen Jungen, maximal zehn, mit geöffneten Armen. Hände. Eine tote Frau auf dem Bauch. Mit nur einem Bein. Überall. Erkenne ich jetzt erst. Sitze. Irgendwelche Teile von Dingen. Von Menschen. Toilettenpapier. Ich rieche erst jetzt, wie bitter der Brandgeruch ist. Kerosin. Ein geschmolzener Bildschirm. Ein Arm. Klumpen.

Wirklich überall um mich herum.
Wo ich stehe.
Wo ich meine Füße bewege.
Wirklich.
Eine totale Verwüstung.
Und ich beginne.
Schreiend.
Ohne ein Geräusch zu machen.
Brüllend.
Ohne dass etwas aus Brust oder Kehle dringen kann.
Zu rennen.

Vornübergebeugt in der Brandung.

Würgen.

Zusammengesackt, auf Händen und Knien.

Auf der Seite liegend.

Vom Salzwasser trinken. Weil ich herauskotzen muss, was ich gesehen habe.

Die eine Sekunde, in der du beschließt: „Niemals."

Raff dich auf.

Schreie es nicht in die Brandung, sag es ganz einfach: „Niemals werde ich aufgeben."

Der Himmel ist diesig. Weder ein Flugzeug noch ein Helikopter ist zu hören. Ich lehne mich mit der Hüfte gegen den Felsen, nehme das Heft aus meiner Tasche. Einige Flamingos kommen im Sinkflug aus den Nebelschleiern und rennen, nachdem sie gelandet sind, über die Wasseroberfläche. Ich schlage das Heft auf, lege es auf die Felsen und schreibe: Ich habe einen Menschen ermordet.
Ich rauche eine Zigarette.
Ich habe einen Menschen ermordet.
Ich blättere um. Ich schreibe: Ich habe als Einziger ein Flugzeugunglück überlebt.
Ich schlage das Heft wieder zu und lege meine Hände auf die beiden glatten Steine, die ich hier gestern liegen ließ. So glatt. Immer mehr Flamingos landen. In der nächsten Stunde ohne Unterbrechung: Sie kommen zu Hunderten aus dem Himmel herab, landen aber nur im flachen Wasser, wo sie ein immer längeres rosa Band bilden. Einige der Vögel wagen sich etwas tiefer hinein, sie verdrehen sich mit gebogenem Hals halb um die eigene Achse und suchen mit den Schnäbeln die Wasseroberfläche ab. Tau-sen-de, die den Himmel verdunkeln, eine rosa Wolke, die in Wattebäusche zerfällt. Einige stehen seelenruhig auf ihrem gläsernen roten Bein und schlafen, den Hals in einer S-Form nach hinten gefaltet, den Kopf auf den Federn liegend, trotz des Schnatterns all dieser aufgeregten Vögel, die nach den unzähligen anstrengenden Kilometern durch die Luftschichten endlich ihren Heimathafen gefunden haben. Andere wagen sich an Land: Schulter an Schulter bewegen sie

ruckweise die Köpfe, den Schnabel zu hoch in der Luft, und laufen mit zu kleinen Schritten, ein possierlicher Tanz, der die neugierigen Paviane zu den Wäldchen zurücktreibt. Ihre Schnäbel sind ungeschlacht wie Hämmer. In noch nicht einmal einer Stunde haben sie den ganzen Strandsaum besetzt und rücken noch weiter auf. Ich scheine sie nicht zu stören. Ich packe das Heft in die Tasche, verlasse die Felsen und nehme die beiden Steine mit – irgendwie werden sie mich schon vor den Pavianen beschützen. Ein Zittern läuft durch die Flamingos: Sobald einzelne Vögel zu laufen beginnen, stecken sie die anderen an, mit aufgeklappten Flügeln laufen sie vornübergebeugt über den Strand Richtung Wasser, stoßen sich flatternd vom Rücken anderer Vögel ab, bis sie genug Geschwindigkeit aufgenommen haben, um aufzusteigen. Mit gestrecktem Hals im Tiefflug über den Schwarm, um etwas weiter über dem Meer abzusinken und die Wasseroberfläche abzukämmen. Woraufhin andere sie an Land ablösen.

Eine Gruppe zieht mit mir ins Landesinnere, auf einer dunklen Fährte, die immer dunkler wird, in die Büsche, ein kleiner Bach, der sich, tiefer werdend, aufspaltet; von dichter Vegetation umringt, ein See, in dem sie einander den Platz streitig machen, um zu trinken und zu baden – sie stehen flügelschlagend im Wasser, gehen in die Knie, schöpfen Wasser über ihren Rücken, schütteln ihre Federn aus. Ich probiere von dem Wasser, das erstaunlicherweise süß ist. Ich ziehe meine Kleidung aus, hänge sie auf an leibgroßen Blättern, die über den See hängen – die armdicken Stängel tragen sogar meine Tasche. Ich hocke mich hin und schöpfe Wasser über meinen Kopf, die Schultern, trotz des Schmerzes im Schlüsselbein, trotz der Müdigkeit, trotz der Kälte des Wassers. Meine verkrampften Muskeln. Der stechende Schmerz im Schulterblatt. Nackt zwischen Dutzenden Flamingos heule ich. Während ich Wasser schöpfe, und ich mich nach vorn beuge, den Kopf mit meinen Händen nach unten drücken muss, um spüren zu können, wie das Wasser über mich hin rinnt, bibbere ich wie ein kleines blaulippiges Kind, klappere mit den Zähnen, schluchze, bis über die Waden im Wasser, während es um mich herum von Flamingos nur so wimmelt und diese ihre Federn und Hinterteile schütteln und die Sonne durch die Blätter Lichtsplitter im Umkreis verteilt.

Sie werden mich niemals finden.

Welche Kraft hat mich angezogen, mir die Tasche über den Hals gehängt und lässt mich mit hochgezogenen Hosenbeinen durch das feuchte, hohe Gras stapfen, die Schuhe in der Hand, Zigarette im Mundwinkel, bis das Gras trockener und dünner wird? Welche Kraft hat mich nicht an den Strand zurückkehren lassen, sondern schickt mich den Berg hinauf, weg vom Flugzeug? Meine Hände sind weiß wie Marmor, vor Kälte. Zittrig schiebe ich mir eine neue Zigarette zwischen die Lippen, aber lasse das Feuerzeug in der Hosentasche. Bei jedem Schritt spüre ich das Schulterblatt. Wo ist meine Übelkeit abgeblieben? Als ich den Kopf zur Seite drehte, um das Wasser über mich strömen zu lassen, wurde mir zum ersten Mal seit dem Unglück nicht schwindelig.
Rascher als ich dachte, laufe ich in die ersten Nebelfelder hinein.
Die Stille des Nebels.

Die Unsichtbarkeit.
Die Ruhe.
Endlich Stille.

Ich weiß nicht, wie weit ich geklettert bin, ob ich die Spitze des Berges erreicht oder den Berg umrundet habe. Hier schimmern jetzt immer mehr gefilterte Lichtstrahlen, in Schattierungen von Weiß bis Hellgelb, transparente Schleier – so fühlt es sich also an, in einer Wolke umherzugehen. Durch ein Loch im Schleier sehe ich plötzlich die Landschaft, so scharf, dass ich laut fluche, nur um sicherzugehen, dass sie echt ist, so sehr ähnelt sie einem Gemälde, das es zwar nicht gibt, das aber aus einer Zeit hätte stammen können, in der alles, jedes kleine Detail, noch von Bedeutung zu sein schien, eine Welt, strotzend von Symbolen.

Eine Zigarette.

Ich sehe mächtige Basaltfelsen mit nackten Spitzen und grünen Wänden. Etwas, das aussieht wie eine schwarz glänzende Kuppel, als wäre eine gigantische Luftblase aus der Tiefe der Erde nach oben gesprudelt und würde jeden Augenblick aufplatzen. Ich sehe Nadelwälder, Laubwälder, Nebelwälder. Ich sehe kahle Flächen. Ich sehe, wie Wolken Schatten auf karge, mit Sträuchern betupfte Hügel werfen. Ockerfarbene Sandflächen mit verfließenden Abhängen. Ein Meer aus wogendem Gras. Türkisgrüne Seen.

Ich sehe eine Landschaft, die aus so vielen Landschaften besteht, eine Art Studie der denkbaren Landschaften. Ich traue mich nicht, mich hinzusetzen, da ich fürchte, nicht mehr

aufstehen zu können. Als wäre eine Klinge abgebrochen, durch die Kraft, mit der sie mir in den Rücken getrieben wurde.
Ich sage laut: „Hunger." Damit ich den Schmerz nicht spüre. Lauter: „Hunger!" Damit ich höre, wie meine Stimme den Berg hinabgleitet und an den Felswänden widerhallt, abermals und abermals. Als wäre ich ein Chor geworden.
Das ist Einsamkeit.

Ich esse Kekse und spüle sie mit Wasser runter. Während ich kaue, lege ich das Heft auf einen von Wind und Regen glatt geschliffenen Felstisch.
Ich schreibe meinen alten Namen auf ein Blatt. Ich reiße das Blatt aus dem Heft und lege es unter einen Stein auf den Felstisch.
Ich schreibe meinen neuen Namen auf ein Blatt. Ich reiße das Blatt aus dem Heft und lege es unter denselben Stein. Bevor ich aufbreche, stecke ich die leere Plastikflasche wieder in meine Tasche. Der Abstieg ist viel mühseliger als der Aufstieg, ich bilde mir ein, dass Teile meines Körpers ihren Platz untereinander tauschen. Ich habe Angst, Blut zu husten. Wer weiß denn, ob nicht meine Leber getroffen wurde, oder ob ein anderes Organ, instabil durch den Aufprall, nicht langsam einreißt und langsam, quälend langsam in meine Bauchhöhle ausläuft? Ich zünde eine Zigarette an und werfe sie gleich wieder weg. Der Gurt scheidet in meine Schulter, drückt das Schlüsselbein aus der Schulter. Beim Abstieg denke ich an die Stadt, in der ich jetzt herumlaufen sollte, in anderen Kleidern, benommen von Musik und einer fremden Sprache, in einem Land mit einer völlig anderen Art zu essen, zu lachen, zu bezahlen, zu lieben, zu leben, zu sterben. Ein Land, in dem mich niemand kennt.

From scratch. Und wo ich jetzt bin. Verdammt nochmal, ich weiß nicht einmal, wie dieses Meer hier heißt. Es kann doch nicht sein, dass sie uns nicht suchen, Schiffe, Flugzeuge, Hubschrauber, Ohren aus Metall, die die Atmosphäre abhorchen auf der Suche nach den *Pings* der Blackbox. Familienmitglieder, die ratlos am Flughafen warten und professionell betreut werden, flüsternd Gespräche führen mit den Einsatzkräften der Opferhilfe, Menschen, die einander schluchzend um den Hals fallen, getrennt werden von den Journalisten und deren Top Ten der verschwundenen Flugzeuge, deren Titelseiten voller Verschwörungstheorien. Vorsichtige Versprechen und tiefe, tiefe Besorgnis bei den Verantwortlichen. Das rituelle Verlesen der Passagierliste an einem improvisierten Altar mit Teelichtern, Teddybären, bunten Zettelchen, Liedern, unscharfen Fotos der Geliebten. Frauen, die nicht fort wollen, Familienmitglieder, die von Journalisten auf dem Handy angerufen werden. Familienmitglieder, die den Verantwortlichen an den Kragen wollen.

Ich bleibe stehen. Zünde eine Zigarette an. Passagierlisten. Ich sauge den Rauch tief in die Lungen, bis es schmerzt. Passagierlisten! Verdammt nochmal. Ich trete die Kippe aus.
Ich nehme das Heft und unterstreiche: Ich habe einen Menschen ermordet. Darunter schreibe ich: Herr H. war der ultimative Diener der Wahrheit. Er hatte zwei Kinder und eine Frau.
Ich korrigiere ein Wort. Der neue Satz heißt: Herr H. war der ultimative Diener seiner Wahrheit.
Das herausgerissene Blatt lasse ich an der Bergflanke hinunterflattern. Kurz wird es von einer warmen Luftschicht gepackt, sinkt dann aber schnell hinab in die Tiefe. Meine Ohren rauschen.

Nur einmal noch schalte ich mein Handy ein.
Stehe mit meinen Armen wie ausgefahrenen Antennen vor dem Horizont.
Kein Empfang.

In der Landschaft bewegt sich eine Wolke wie eine Glocke aus Milchglas über die weiten Flächen – wie eine Luftblase, die über Wasser gleitet, nur viel größer.
Vielleicht ist es nur eine Luftspiegelung.
Tatsächlich hat das nichts mit der Wolke zu tun, die sich über dem Wald aufbaut, wo die Luftschichten sich über den Baumspitzen aufbauschen wie der Flaum der Baumwollpflanze; zuerst weben sich hellweiße Fäden noch um den gläsernen Kern, aber schnell werden die Fäden dunkel und verflechten sich mit grauerer, dickerer Wolle, werden so schwer, dass sie von den Baumspitzen abreißen. Basaltfarbe. Als würde ich der Entstehung eines fliegenden Bergs beiwohnen, der verkehrt herum, mit der Spitze nach unten, durch die Luft treibt, und der durch die Reibung mit der Luft mit einer Art Wut aufgeladen wird. Als würden sich violette Hämatome mit dem Basalt mischen. Leberfarben. Geädert mit sehnigen Fäden, die auf allen Seiten aus der Wolke springen. Das Knirschen des Donners. Ein Grollen, das über den Berg bis zu der Stelle rollt, wo ich mit einer Plastikflasche in der Sonne sitze, eine Zigarette in der anderen Hand. So merkwürdig, dass sogar meine halbleere Wasserflasche mitbebt, als hielte ich den Donner in meiner Hand.

Die Wolke segelt wie ein Berg aus Blei in meine Richtung, schleppt den eigenen Schatten unter sich her. Sich ausbreitende Regenschleier. Ein enormer Knall, gefolgt von Feuerwerksexplosionen. Die Haare auf meinem Arm stellen sich auf. Jammernd und gekrümmt – ein Schmerz sticht in meinen

Rippen! Übelkeit! – gehe ich weiter, obwohl mein Kopf weiß, dass ich mich so klein als irgend möglich machen muss – brace! brace! – in die Hocke, die Hände über den Kopf legen ...
Beim nächsten Knall presse ich mich erschreckt gegen die Felswand. Laufe weiter. Verstecke mich hinter den abschüssigen Lippen des Bergs. Dort wo der Berg in einen anderen Berg übergeht.
Außer Atem.
Donnerschläge.
Ich flüchte in eine Höhle.
Dunkel.
Handy rausholen.
Taschenlampenfunktion einschalten.
Tiefer in die Höhle.
Die keine Höhle, sondern ein Gang ist.
Immer tiefer in die Stille hinein.
Der endlos

sich

windende

Gehörgang

der

Stille.

Im Sonnenlicht blinzelnd komme ich aus den Felsen, einen Arm ausgestreckt ertaste ich Gestrüpp, Baumstämme, rieche ich Blumen, Moose, Kräuter. Hier ist alles Vegetation. Als meine Augen sich endlich wieder an das Licht gewöhnt haben, steht dort ein Baum und ein Blatt macht sich davon los, fliegt auf mich zu. Als ich ein Eckchen Keks aufs Gras werfe, hält es sein Köpfchen schief und hüpft dichter heran, weicht zurück, kommt wieder dichter heran, pickt schnell nach dem Stückchen und fliegt wieder weg und hängt dann wieder unerkennbar zwischen den Blättern des Baumes – vielleicht sind ja alle Blätter hier Vögel, die ihre Flügel um sich gefaltet haben. Automatisch greife ich nach einer Zigarette, aber das Päckchen ist leer. Ich lasse mich rückwärts auf einen Felsblock sinken und lege meine Tasche auf die Knie. Nach dem Unwetter riecht alles satter. Ich ziehe meine Jacke aus – ein stechender Schmerz. Rechts von mir hat die Gewitterwolke ihre Teufel von der Kette gelassen, jetzt ist nur noch ein weißes Gespinst übrig, das langsam verweht. Links von mir dampft der Bruchwald. Vor mir die Fläche mit flimmernden Ockerspiegeln, kleinen Seen vermutlich. Ich kann meinen Augen kaum glauben – ich, der ich mein ganzes Leben in und unter einer Stadt zugebracht habe, zuerst in den Vorstädten aus Beton, dann in unterirdischen Bunkern, wo ich mich jahrelang unter roten Lampen in Fotopapier vertiefte, dann in die Glut der Computer ... –, dass die Landschaften dem, was ich auf dem Computerbildschirm gesehen habe, so ähneln, und sie sich jetzt vor meinen Augen breit und lang und tief und hoch entfalten. Wie kann ich meinen Augen noch trauen, jetzt

wo vielfältige Farben und Gerüche sich aus dem Sand hervorzaubern? Angesichts der zwei Gestalten, die dort laufen? Sie werfen lange Schatten, erst habe ich die Schatten für die Wesen gehalten. Die eine Gestalt scheint der anderen hinterherzulaufen. Vor Aufregung krame ich blind in meiner Tasche und zerreiße die Zellophanhülle des Zigarettenpäckchens; um keine Sekunde zu verpassen, ziehe ich die Zigarette mit den Zähnen heraus. Sie rennen in Richtung des tiefer liegenden Plateaus. Der Verfolger fällt zurück, er scheint gefallen zu sein. Aber warum hält der Erste an? Ver-dammt-nochmal. Ich schnippe die Zigarette weg und steige den Berg hinunter.
Der eine, der Katzenartige, steht nun am Sockel des ersten Plateaus. Der andere, der Zweibeiner ... Der Mensch ... Mit einem Rucksack. Einem orangefarbenen ... Meinem Rucksack. Und einer Waffe. In der Hocke. Die Waffe geschultert. Aber der Katzenartige ist schon verschwunden. Bevor ich es voll und ganz begreife, halte ich die Hände bereits wie ein Megaphon vor den Mund, und rufe so laut ich kann. Aber der Mensch blickt nicht auf. Nochmal rufe ich so laut ich kann, und nochmal blickt er nicht auf. Ich pfeife durch die Zähne, gellend. Der Mensch rennt unbeirrbar vorbei, das Gewehr auf den überkreuzten Armen. In einer Staubwolke laufe ich den Berg hinunter.

Eine Waffe.

Als ich endlich auf dem Plateau ankomme, klettere ich über den knirschenden Felsstaub ... Schwitzend ziehe ich den Pullover aus und binde ihn mir um die Hüfte. Der Abhang ist zu steil für mich. Ich stehe leicht vornübergebeugt, die linke Hand auf den Oberschenkel gestützt, und nehme die vorletzte Flasche aus meiner Tasche. Gerade habe ich sie an den Mund gesetzt – ich bin so gierig, dass Tropfen von meinem Kinn auf die Erde fallen –, als ich hinter mir das Geriesel des Schutts höre. Ich habe nicht einmal genug Zeit, mich umzudrehen. Keine Handbreit trennt mich von einem Tiger, der leise keuchend auf samtigen Pfoten vorüberschreitet, den Kopf erhoben, die Luft schmeckend. Er schüttelt den Kopf. Rollende Schultermuskeln. Er schnuppert an der Erde und dreht den Kopf, dreht mir den Oberkörper zu und leckt die Wasserflecken vor meinen Füßen auf. Ohne mich zu berühren. Ruhig geht er von mir weg zur Felswand und springt ohne Anlauf auf einen Gesteinsblock, geschmeidig, geräuschlos, fließend, der unglaublich muskelbepackte Rücken unter dem glänzenden Fell, und verschwindet an einer höher gelegenen Stelle.

Dies ist die Wahrheit und nichts als die Wahrheit.

Es existieren viele Wahrheiten – Sonnen und Sternen ähnlich –, die wir nur kennen, weil uns ihr Licht seit Anbeginn der Zeiten erreicht. Es existieren viel mehr Wahrheiten, die wir noch nicht kennen, die wir uns noch nicht einmal vorstellen können. Und doch ist jede von ihnen wahr. Was wir auch denken – nehmen wir einmal an, wir könnten gut genug denken –, überall existieren Wahrheitscluster, die jedes Milliarden von Wahrheiten umfassen. Milliarden von Wahrheitsclustern gibt es. Zwischen diesen Wahrheitsclustern liegen Supervoids, riesige Gebiete, in denen keine Wahrheiten existieren.
Manchmal, sehr selten, schneiden sich Wahrheiten, wie zwei gerade Linien. Noch seltener fallen unterschiedliche Wahrheiten in eine zusammen. Viel häufiger verlaufen sie parallel, haben nichts miteinander zu schaffen, weswegen sie einander auch niemals schneiden werden.

Der Säbelzahntiger, der gerade eben neben mir stand, die große Katze mit mächtigen Schultern und Eckzähnen wie arabische Krummsäbel, gehört nicht zu meiner Wahrheit.

Der Mensch, der dort eben an mir vorbeilief, gehört auch nicht zu meiner Wahrheit. Auch wenn wir unwiederbringlich aufeinander zuhalten.

Immer wieder finde ich Risse, Hohlräume, Einstülpungen, zurückweichende Basaltschichten, in die ich hineingleiten kann, und durch die ich in vollkommener Stille – Handy im Taschenlampenmodus – hindurchgehen kann, Windungen, die nie zuvor betreten wurden. Gänge ohne Echos. Manchmal sehe ich durch winzige Spalten, nicht größer als Kapillargefäße, einen Schimmer, Rauchschwaden aus Licht. Ein einziges Mal wird die Dunkelheit von einem großen Lichtfleck unterbrochen, ein Loch, durch das ich den Kopf stecken kann: Paviane klettern an einer steilen Basaltwand in die Höhe, ziehen sich an ihren schwarzen Händen und Füßen empor. Abscheu.
An einer Gabelung wähle ich den falschen Gang und muss denselben Weg zurücklaufen. Der richtige Gang ist steiler. Ich höre Knurren und Keifen. In einem Hohlraum steht ein Pavianmännchen und blafft um sein Leben, den viel zu großen Oberkörper aufgerichtet, die Mähne steif vor Angst, dicht vor dem Säbelzahntiger, aber der springt nach vorn, drückt den Pavian mit einer Pranke an die Wand und schließt die Zähne um dessen Nacken. Quieken. Kurz steht das Maul des Säbelzahntigers weit offen wie die Kiefer einer Schlange. Das Ganze dauert kaum ein paar Sekunden, aber das ist für einen anderen Pavian lange genug, um über den Rand zu hüpfen und, die Verwirrung nutzend, den Rucksack zu packen und wieder hinter dem Rand zu verschwinden.
Mein Rucksack.
Das Brummen des Säbelzahntigers, der jetzt loslässt und am toten Pavian schnuppert. Er dreht sich um und schaut. Nicht

nach mir, sondern nach einem Menschen, der nackt auf der Seite in einer Ecke liegt, neben der Waffe. Leise jammernd wälzt sich der Mensch herum. Das Tier schüttelt den Kopf, leckt sich die Lefzen und macht einen weiteren Schritt auf ihn zu. Und noch einen. Erstaunt. Eine Pfote hebt sich bereits. Hängt in der Luft. Es ist stärker als ich selbst, stärker als die Wahrheit, zu der ich gehöre: Ich fliege geradezu zu dem Menschen hinüber. Der Säbelzahntiger zieht die Oberlippe hoch, weicht zurück, weil er nicht versteht, was hier passiert, aber das wird nicht lange so bleiben. Ich lege die Hand des Menschen auf seine Waffe, schiebe den Arm vor seine Brust, lege seine andere Hand um den Griff der Waffe, den Finger an den Abzug. Und was sollte der Säbelzahntiger denn sonst auch tun – es ist stärker als er selbst – er greift an, und ich lege meine Hand um die Menschenhand und pumpe eine Kugel nach der anderen in das Biest.

Es ist vorbei.

Halb betäubt wälze ich den Menschen unter dem Tier hervor. Alles ist voller Blut. Fluchend stoße ich den toten Pavian aus der Höhle nach unten – ich höre, wie die Waffe scheppernd aufschlägt. Ich hieve mir den Menschen auf die Schulter und trage ihn in den Gang hinein, in den sicheren Gang, in die Stille hinein, in meine Wahrheit.

Behutsam lege ich ihn in der Sonne auf den Boden. Mit dem roten, mit Wasser befeuchteten Schal säubere ich ihn, suche nach Verletzungen. Aber er hat keine, nicht einmal eine Schramme. Wie im Fieber wimmert er, dreht sich schlafend weg, fort von mir und meiner Wahrheit. Wieder ist das Knurren und Blaffen zu hören, und als ich den Schutthaufen ein paar Meter hochsteige, läuft ein Säbelzahntiger davon, meinen Rucksack zwischen den Zähnen, dicht gefolgt von einer Meute wütender Paviane, und was kann ich denn sonst machen als ... Was sollte ich denn tun, jetzt, wo einige Paviane mich gesehen haben und ihre Raserei ein bequemeres Opfer sucht, eines mit weniger Krallen und kleineren Zähnen? Was sollte ich denn sonst machen als die Dose mit Haarlack hervorzuholen? Ich halte die Spraydose und das Feuerzeug weit von mir gestreckt, während die Paviane mich umzingeln. Das Alphamännchen mit seinem rosafarbenen, geöffneten Maul und diesen gelben Zähnen. Nur ein Stoß. Ein Feuerstoß reicht schon aus, um ihn verängstigt kreischend in die Flucht zu schlagen – der Gestank des verbrannten Fells –, die Meute auf den Fersen. Und dann kommt alles zusammen, der Unfall, Abscheu, das Abschlachten in der Felshöhle, Angst, Erschöpfung, Einsamkeit, blinde Wut, und ich renne ihnen hinterher.

Wie Hunde laufen sie durch das hohe Gras. Mit ihren grell-rosa Plastikhintern. Nach wenigen Minuten lassen sie mich dichter heran. Die Männchen lassen sich zurückfallen, laufen ab und zu auf ihren Hinterbeinen und schauen über ihre Schulter.

Natürlich kann ich ihnen auf Dauer nicht folgen. Aber ich weiß, aus welcher Richtung der Wind bläst. Ich hocke mich hin und reiße Gras aus dem Boden, bleiche Grashalme, werfe oder schiebe sie auf einen Haufen, Feuerzeug. Haarlack. Schneller als ich laufen kann, frisst sich das Feuer durch das Gras. Es ist so trocken, dass die Flammen sich schnell zu Feuerbällen vereinigen, die mit einem *Wusch* über die Halme springen und einige Meter weiter wieder ins Gras hinunterfallen. Ich renne ein Stückchen zur Seite und mache dort dasselbe noch einmal. Das Feuer wird die Paviane zur Felswand treiben. Wo ich einen Säbelzahntiger gesehen habe. Ein paar Meter weiter noch zwei. Die sich sofort bereit machen, sobald sie die Paviane wittern.

Du.

Als ich zurückkomme, bist du schon weg. Aber du machst es mir sehr leicht, dir zu folgen. Du hast deine Kleidung schon wieder gefunden, die Schuhe, sogar die Waffe. Du folgst der Fährte des Säbelzahntigers.
Ich weiß, wo sie sich aufhalten. Den Weg kann ich abschneiden, indem ich ein Loch in der Plateauwand suche – es gibt immer irgendwo einen Durchgang. Drinnen ist es angenehm kühl. Ich kann die Flaschen mit kristallklarer Flüssigkeit füllen, die, von Sand und Stein gefiltert, von den Wänden tropft. Ich lege ein Stückchen Keks auf die Zunge, nehme einen Schluck und warte, bis der Keks aufweicht und von der Zunge in meine Kehle rutscht. Dann rauche ich eine Zigarette. Während du an eine Felswand gedrückt wirst, deine Waffe schulterst, umringt von Dutzenden Säbelzahntigern, sitze ich auf einem Felsblock, schaue mich um und nehme mein Heft. Ich schreibe:

„Ich war ein Beamter der Wahrheit. In den ersten Jahren musste ich offizielle Dokumente auf Lügen hin filzen. Lügen: Namen von Leuten, die es nicht mehr gab, das heißt: die ihren Treueeid verleugnet hatten. Nichts sonst, als Namen zu suchen und diese mit einem schwarzen Filzstift durchzustreichen. Jeden Tag von morgens halb acht bis zehn, eine Viertelstunde Pause, dann von Viertel nach zehn bis zwölf. Durchstreichen. Eine Stunde Pause, in der ich im Gebäude bleiben musste. Dann von eins bis drei. Durchstreichen. Wasser stand zur Verfügung. Von

Viertel nach drei bis fünf. Durchstreichen. Eine halbe Stunde später wurden wir beim Sport erwartet. Nach dem Duschen bekamen wir Unterricht: Was ist die Wahrheit? Vorträge und Diskussionen. Routine. Wie liebte ich die Routine. Wir schliefen in großen Sälen, und die Betten bildeten lange Reihen, die sich im Vorübergehen in vollkommene gerade Diagonalen anordneten.

Nach einem Jahr blieb die Hälfte von uns übrig. Wir lernten, die Wahrheit instand zu setzen. Oder besser formuliert: Wir bekamen offizielle Dokumente, in denen mit Filzstift Korrekturen markiert waren. Wir kopierten die Papiere ohne die Streichungen, befestigten die Kopie mit einer Büroklammer am ursprünglichen Dokument und legten sie in ein Körbchen, das jeden Mittag und Abend geleert wurde. Ich war glücklich. Wirklich glücklich. Wer nicht mit der Routine umgehen konnte, schied aus. Viele fühlten sich berufen, aber nur wenige waren auserwählt. Mit aller Demut. Die Auserwählten bekamen Privilegien, Zigaretten, ein eigenes Zimmer – wie sehr habe ich zu Anfang den Schlafsaal vermisst. Aus den Auserwählten wurde wiederum ein Duo herausgefiltert. Wir beide, die die große, wirkliche Arbeit machen durften. Eine Wand aus Bildschirmen. Wir beide, die die ganze Welt nach jenen durchkämmten, die unserer Wahrheit Gewalt antaten. Wir erhielten genau beschriebene Aufträge: entdecken, lokalisieren, verifizieren, berichten. Der erste Name, den ich meldete, war der von Herrn H., meinem Vorgesetzten. Das war ein Test, sagte Herr H. und gratulierte mir. Mein Kollege und ich hatten jeder eine Zelle im Bunker. Zu Anfang arbeiteten wir zusammen im gleichen Raum, später lösten wir einander nach einem bestimmten Schema ab, so dass rund um die Uhr gearbeitet werden konnte. Die

Dokumente jedes Tages wurden kopiert und einen Monat lang aufbewahrt. Um Irrtümer auszuschließen. Eines Tages ...

~~Eines Tages ...~~

Mein Vorgesetzter. Wir nannten ihn nicht bei seinem Dienstgrad, sondern Herr H., denn er trug nur zu offiziellen Anlässen eine Uniform. Er lebte mit seiner Frau und zwei Kindern in einem besonderen Viertel der Hauptstadt. Nach einer Weile wurde ich sein Chauffeur, der ihn zwischen zwei Schichten nach Hause fuhr und ihn am Morgen abholte. Ich liebte es, ihn in der Nacht nach Hause zu bringen und alleine durch die verlassenen Straßen zum Bunker zurückzufahren. Ich hatte einen speziellen Ausweis, mit dem ich an Kontrollpunkten weiterfahren konnte (sogar auf der Rückfahrt wurde mein Auto jedes Mal von den Posten, die mich bereits vor einer Viertelstunde kontrolliert hatten, gestoppt und erst dann durchgelassen; das war im Lauf der Zeit nicht mehr lästig, sondern erzeugte ein angenehmes Gefühl von Sicherheit und Komplizenschaft).
Bei geheimen Besprechungen ordnete Herr H. an, eine schwarze Scheibe zwischen mir und dem Passagierraum hochgleiten zu lassen. Im Passagierraum gab es ein abhörsicheres Telefon. Aber jede Wand hat ein Loch und überall kann man sich unsichtbar machen.

~~Aber jede Wand hat ein Loch und überall kann man sich unsichtbar machen.~~

An den Tagen, an denen Herr H. einen Sonderauftrag hatte.

~~An den Tagen, an denen Herr H. einen Sonderauftrag hatte.~~

Ich wurde ausgebildet, um unser Land zu verteidigen. Wie tötet man schnell und geräuschlos? Die Stunden, die ich nicht der Arbeit oder dem Schlaf widmete, verbrachte ich mit Herrn H., vorausgesetzt er führte nicht einen Sonderauftrag durch, an den Orten, die ich lokalisiert und verifiziert hatte. Er lehrte mich, dass jede Wand ein Loch hat, und wie ich mich selbst unsichtbar machen konnte. Und zuschlagen. Ich war ein guter Schüler, sagte er.

~~Er lehrte mich, dass jede Wand ein Loch hat, und wie ich mich selbst unsichtbar machen konnte. Und zuschlagen. Ich war ein guter Schüler, sagte er.~~“

Ich reiße die Blätter, die ich geschrieben habe, aus dem Heft und spieße sie auf einige Zweige des Gelbholzbaumes.

Ich beobachte, wie du, mein Mensch, von den Säbelzahntigern in eine Spalte getrieben wirst, und bin neugierig, wie du dich aus dieser Situation retten wirst. Manchmal besuche ich dich in der Nacht – die Felsen haben Wände und in jeder Wand ist ein Loch. Manchmal hocke ich mich hin und schaue dich an. Es ist schön, jemanden zu haben, der weiß, was er will. Wie du den Feind studierst, an der Decke hängend wie eine Fledermaus. Wie du dir jede seiner Bewegungen einprägst. Wie du vortäuschst, du wärst geschwächt. Wie du schließlich aus dir selbst das Messer machen wirst, in das dein Feind offenen Auges läuft.

Manchmal schleiche ich tagsüber durchs Gras und lege mich neben die Säbelzahntiger. Vor allem neben das Alphamännchen. Ich könnte einfach so meinen Rucksack ergreifen und damit wegspazieren. Aber ich weiß, dass du ihn mir bringen musst. Das ist deine Mission. Deine Wahrheit.

Du bist eine Gerade.
Ich bin eine Gerade.
Ich rechne fest damit, dass wir einander bald schneiden werden.
Das ist der einzige Grund deiner Existenz, Mensch.

In dieser Nacht hängt ein Helikopter im Himmel, geräuschlos, er steht zu schräg, als dass es normal sein könnte – jeden Augenblick zerschellt er in tausend Stücke – aber es kann unmöglich ein Helikopter sein, der zu meiner Wahrheit gehört.

Haben sie endlich deine Spur aufgenommen?
Hörst du die Rotorblätter in deiner Höhle?

Wird dies schließlich das letzte Puzzleteil deiner Wahrheit sein?

Diese Nacht, immer wenn mir wieder die Bilder des Flugzeugs erscheinen, und ich vollkommen außer mir bin durch die Verwüstung, den Gestank, all diese versengten Brocken ... Jeden Tag zwinge ich mich, an die Ermordung des Wesens zu denken. Wie bei einem Waldbrand. Zünde ein Gegenfeuer an. Dadurch vernichtest du alles, was brennbar ist, und erzeugst einen Korridor, der das heranrückende Feuer bremst. Denk an das Wesen. Wie es dich ansprang. Wie das Wesen, mitten im Sprung getroffen, mit seinem ganzen Gewicht herunterfiel und bei jedem neuen Schuss erbebte. Die Stille danach. Vergessen.

Auch am nächsten Morgen hängt der Helikopter noch am Himmel, wegen der Nebelfetzen zwar etwas unschärfer, aber er ist noch da. Ohne jedes Geräusch. Eingefroren in einer seitlichen Bewegung. Die Schiebetür geöffnet. Dieser Mann, der die Tür aufschiebt, hat der eine Waffe in den Armen?

Ich schreibe:
„Auf den Bildschirmen beobachtete ich die Länder, in denen Herr H. seine Aufträge ausführte. Wo er war. Wo er sein musste. Wo er sein sollte. Wo er hätte sein müssen. Ich lernte, dass es mehrere Wahrheiten gibt, und dass die Wahrheiten einander nicht unbedingt schneiden müssen. Und dass sie alle wahr sind. Ich lernte, mich dieser Erkenntnis zu widersetzen. Ich lernte, mich diesem Widerstand zu widersetzen, was die schwierigste Aufgabe war, die ich je erhalten hatte. Wahrscheinlich weil ich sie mir selbst gestellt hatte.

Mir wurde eine Wohnung in dem besonderen Viertel der Hauptstadt zugewiesen, aber ich bestand darauf, Herrn H. weiterhin zum Bunker und auch wieder zurückzufahren.
‚Warum?', fragte er. Erstaunt. Argwöhnisch.
‚Es gibt nur einen Menschen, dem man wirklich vertrauen kann', antwortete ich.
Er schaute mich lange schweigend an und nickte schließlich.
Wusste ich damals schon ...
Und er?
Ein einziges Mal führte ich einen Sonderauftrag mit Herrn H.

aus. Als Andenken kaufte ich mir am Flughafen einen orangefarbenen Rucksack. Herr H. lachte mich aus. Zuhause trug ich den Rucksack nie mehr. Aber er stand immer im Wohnzimmer. Auf einem Stuhl. Dem einzigen Möbelstück in meinem Wohnzimmer.

In den Stunden, in denen ich nicht arbeitete, fuhr ich mit dem Motorrad durch die Stadt. Warum? Weil ich die Erlaubnis hatte. Und weil es nur eine Stadt gibt, die man kennen muss. Wirklich kennen muss. Jede Straße, jede Kurve, jede Mauer der Stadt, in der man lebt. Aber da gab es diese eine kleine Straße, in der dies eine Gebäude stand, zu dem ich jedes Mal fuhr. Das Gebäude war verlassen und die Fenster mit Latten vernagelt. Ein unbedeutendes Haus in einer unbedeutenden Straße. Auf dem Giebel stand in kaum noch lesbaren Buchstaben: HIMMELSHAUS.

Eines Tages tippte ich in den Computer: HIMMELSHAUS. Auf dem Bildschirm erschien eine Straße in Kapstadt, Südafrika. Ich tippte das Wort abermals ein, aber jedes Mal führte der Computer mich wieder nach Kapstadt, die Stadt, in der ich jetzt hätte umherlaufen sollen, in anderen Kleidern, benommen von Musik und einer fremden Sprache, ein Land mit einer völlig anderen Art zu essen, zu lachen, zu bezahlen, zu lieben, zu leben, zu sterben. Ein Land mit Gelbholzbäumen, Hottentottenfeigen, orangefarbenem Mittagsgold, Köcherbäumen, Gräsern, Baobabs, Akazien und Proteas, Halbmenschbäumen, Stinkholzbäumen, Orchideen und Lilien sowie Gelbkopfmännchen. Ein Land, in dem mich niemand kennen würde.

Eines Tages gelang es mir, die Personalakte von Herrn H. zu hacken. Darin standen alle seine Tarnungen, Verkleidungen, Triumphe, die vollständigsten Unterlagen, die ich je gesehen hatte. Ich lernte Die erste Katze von Istanbul kennen, die persönliche Obsession von Herrn H., mit hunderten Fotos. Die irritierende Entdeckung, dass nur Herr H. selbst die Akte angelegt haben konnte. Unzählige Fotos. Als würde er Trophäen sammeln. Viele Fotos von sich selbst. Als wäre er seine allergrößte Trophäe.
Die erste Katze von Istanbul. Extrem geheime Information. Ich wusste sofort, dass ich alles, wofür ich gearbeitet hatte, riskieren würde, sobald ich die erste Seite gelesen hatte.

Die Erkenntnis.

~~Es ist nicht schwierig~~

Es ist nicht schwierig, dein Leben für die richtige Sache zu opfern.
Es ist nicht schwierig, ein Leben zu nehmen für die richtige Sache.

Warum ich Herrn H. ermordet habe?
Weil er die Wahrheit beleidigte?
Weil er die Regeln, zu denen er andere verpflichtete, selbst übertrat – als wäre alles, was er tat, nur eine Übung, alle, wirklich alle Regeln zu verletzen?
Weil ich auf dem Bildschirm selbst gesehen hatte, wie er die Regeln verletzte?
Weil ich wusste, dass er wusste, dass ich das gesehen hatte und er mich also mitschuldig machte?

Weil er mir trotzdem vertraute?
Weil er wusste, dass er mich mit in seinen Untergang reißen konnte?
Weil ich die notwendigen Papiere (neuer Name, Ausweis, Flugtickets, eine große Summe Geldes) beschaffen konnte, um unbehelligt das Land zu verlassen und ein neues Leben anzufangen?
Weil ich wusste, dass er, und nur er allein, das alles erfahren konnte? Und alles zunichtemachen konnte?

Oder lag es daran, dass er meinen Bruder ermordet hatte?
Dieses Bild.
Raoul auf Händen und Knien in einem Käfig des Zoos.
Die rußgeschwärzte Ruine des Löwenhauses.
Die mit Sprengstoff gefüllten Säulen.
Herr H., der bei meinem Bruder hockt.
Herr H., der in seiner makellosen Uniform nach draußen geht.
Raoul, der dort zitternd liegt. Sich schließlich auf seine Knie setzt. So sitzen bleibt. Obwohl er genau weiß ...
Weil eine Katze die Einsamkeit sucht, um zu sterben.
Stundenlang. Keuchend.
Bis er endlich ...“

Gibt es wirklich jemanden, der glaubt, ich hätte nicht gewusst, was passieren würde, als das Flugzeug aufstieg? Dass ich tatsächlich geglaubt hätte, ich könne einfach so in der von Gerüchen gesättigten Hitze von Kapstadt aus dem Flugzeug steigen?

Tatsache bleibt jedoch, dass ich in das Flugzeug gestiegen bin, und darauf bin ich sehr stolz.

Niemals werden wir, die ersten Katzen von Istanbul, aufhören. Selbst wenn Istanbul nicht mehr existierte, würden wir Mal um Mal ein neues Istanbul gründen.

Ich reiße mehrere Seiten aus dem Heft:

„Ein Surren. Der Wagen gleitet so elegant durch die Kurven, dass man ihn mit nur einem Finger lenken kann. Heute fahren wir nicht auf der Hauptstraße, es ist das Fest der Freiheit, und gleich findet die Parade statt. Überall Soldaten und Polizisten. An der Windschutzscheibe klemmt ein Ausweis, der uns Vorfahrt einräumt, was immer auch geschieht.
Frau und Kinder von Herrn H. haben wir beim Zoo abgesetzt – schauen wir uns die Löwen an, Schwester? Mama?
Herr H. und ich fahren zurück zur Parade.
An einer der Ampeln steht ein Bettler. Ich halte bei Rot. Der Bettler kommt nicht auf meine Seite, sondern zum Fenster von Herrn H. und beugt sich nach unten. Ich lasse das kugelsichere Spiegelglas von Herrn H. herunter.
Die Ampel springt auf Grün und ich gebe Gas.
Herr H. verliert die Fassung. Brüllt und tobt, dass ich zukünftig ... Dass es von fehlendem Respekt zeuge, dass ich ... Und das an einem Tag wie diesem ... Dass das Folgen haben wird ... Dieses Ungeziefer, dieses Insekt, eine Kakerlake, dieser gottverdammte ...
Herr H. schlägt aus Wut auf die Stahlplatte, die mich von ihm trennt.
Ich fahre eine scharfe Kurve und kehre um, während Herr H. nach einer kurzen Pause noch lauter brüllt.
Wieder nehme ich eine Kurve.
Herr H. ruft weiterhin allerlei Insektennamen.

Ich fahre abermals auf die Ampel zu und öffne mein Fenster.
Winke dem Bettler zu, der auf uns zugeht.
Herr H. fragt, was ich mache.
Der Bettler steht jetzt auf der Straße.
Herr H. fragt, was ich in Gottes Namen vorhabe.
Ich gebe Gas und fahre den Bettler um. Frontal. Das Auto reißt ihn einige Meter weit mit.
Herr H. ist eine Sekunde lang still.
Ich lasse die dicke, blinde Glasscheibe zwischen Passagier und Chauffeur hochgleiten und gebe Vollgas.
Herr H. haut auf das Glas.
Ich schalte das Autotelefon aus.
Den Geräuschen zufolge darf ich davon ausgehen, dass Herr H. jetzt mit einem harten Gegenstand auf das Glas schlägt.
Ich winke den Polizisten zu, die den Wagen passieren lassen. Eine Fanfare erklingt.
Herr H. hämmert jetzt auch gegen die verspiegelten Fenster.
Überall macht man sofort Platz.
Ich fahre weg aus dem Gewühl, hinein in ein Labyrinth aus kleinen, fast menschenleeren Seitenstraßen.
Ich halte am Tor, steige aus, öffne das Tor, fahre hinein und lasse das Tor offen stehen.
Ich fahre weiter, zwischen Bäumen und Sträuchern entlang hin zur Ruine, dem Ausweichgehege der Löwen. Ich stelle den Wagen ab, so dass die Besucher bei den Adlern ihn sehen können. Ich entriegele die Motorhaube, stecke den Ausweis in meine Tasche, steige aus, hole ein Motorrad aus dem Ausweichgehege und lasse es mit laufendem Motor stehen. Ich platziere den Ausweis in den dafür vorgesehenen Rahmen auf der Radabdeckung.

Ich gehe zum Kofferraum. Ich lasse ihn auf und öffne auch die Motorhaube. Den Inhalt des ersten Benzinkanisters schütte ich in den Kofferraum und über das Rückfenster. Den Inhalt des zweiten Benzinkanisters gieße ich über das Dach, die Reifen und die Motorhaube. Einen dritten Benzinkanister lege ich unter das Auto.
Es ist ein klarer Tag.
Ich gehe zum Fenster von Herrn H. und zeige ihm ein Foto. Ein Familienfoto. Mein Vater, meine Mutter, mein Bruder und ich. Ich zünde das Foto mit einem Feuerzeug an. Ich halte das Foto an das triefende Auto und gehe zum Motorrad.
Hitze.
Ich schnalle mir den orangefarbenen Rucksack auf den Rücken, setze den Helm auf und fahre los.
Erstaunlich, wie schwarz die Rauchwolke sich über das Auto erhebt.
Am Tor hockt eine weiße Katze.
Die Fahrt zum Flughafen verläuft ruhig.“

Ich lege die Seiten auf den Boden, einen Stein auf jede Ecke, als würde ich davon ausgehen, dass man jede einzelne Seite von einem Satelliten aus lesen könnte.

Ich sitze auf der Spitze eines Berges und entzünde mit Gras, Zweigen und Papier ein Feuer. Sobald das Feuer stetig brennt, nähre ich es mit größeren Zweigen.

Ich werfe nasses Gras auf das Feuer, so dass es kräftig zu qualmen beginnt und die Flammen gleichzeitig niedrig bleiben.

Ich ziehe all meine Kleidung aus.

Ich wasche mich gründlich mit dem Rauch und lasse die Flammen an Armen, Beinen, Rumpf, Handflächen und Gesicht lecken.

Danach ziehe ich meine Kleider wieder an und werfe Sand auf die Feuerstelle.

Ich sitze auf der Flanke des Berges und nehme aus meiner Ledertasche die beiden Steine heraus, die ich schon die ganze Zeit mit mir herumschleppe. Ich liebe es, über die glatte Oberfläche zu streichen oder sie mit beiden Händen zu halten. Ihr eigenartiges Gewicht zu spüren. Als würde ich so spüren, dass ich lebe. Ich möchte auf der Spitze eines Berges stehen, die Arme seitwärts ausstrecken und die glatten Kieselsteine in den Händen halten. Als ein Symbol für etwas, dem ich noch keinen Namen geben kann.
Aber mir gelingt es nicht, die Arme auszustrecken – der Schmerz. Einer der Steine rutscht mir aus der Hand und rollt den Abhang hinunter. Ich springe ihm hinterher, ich schlittere auf einem Fluss aus lockerem Geröll meinem Kieselstein hinterher. An einem Sockel geht der Stein zu Bruch.
Als ich nah genug bin, sehe ich, dass es gar kein Stein ist, sondern ein kaputtes Ei. Auf der Erde liegt ein fossiler Jungvogel, ganz zusammengerollt und noch winzig klein, aber schon mit Federn bekleidet.
Und schon so fertig, mit all den Federn, dass ich das Tier sofort am Schnabel erkenne.

In diesem Moment höre ich Schüsse. Und danach die Echos von Schüssen. Gefolgt von einem neuen Schuss, der wiederum Echos erzeugt.

Ich schaue zum Helikopter, aber der hängt noch immer bewegungslos in der Luft.

Ich gehe zurück und nehme meine Jacke, hänge mir die Ledertasche um die Schulter – Schmerz. Ich streiche meine Jacke glatt und bringe etwas Ordnung in mein Haar. Um meine Füße herum liegen die letzten Seiten des Hefts. Neben dem letzten Blatt liegt das zweite Ei.

Du. Mein Mensch.

Ich sehe dich über den Kamm des Hügels herankommen, als würden dir sowohl der Teufel als auch die Protea-Blumen auf den Fersen sitzen, so schnell rennst du mit den Armen schlagend den Hügel hinunter und so rot explodieren die Blüten hinter dir.

Endlich bist du hier.

Du rennst so schnell, dass deine Beine dir kaum hinterherkommen. Am Fuß des Hügels scheinst du zu straucheln, immer noch mit den Armen schlagend. Zu straucheln und niederzustürzen. Aber du fällst nicht wirklich. Du fällst auf deine Hände und während des Fallens rennen die Arme schon weiter. So dass du auf Händen und Füßen weiterläufst. Pechschwarze Hände, Füße und Beine. Wie ein Pelz. Mit schaukelndem Kopf. Durch das hohe Gras. Und hinter dir die Protea-Blumen, die in einem Wahnsinnstempo hinter dir herschnellen. Unter dem Getöse der Rotorblätter des Helikopters. Als würde ein Feuerhagel hinter dir einschlagen, zwei schnurgerade Linien. Immer dichter an dich heranrückend. Während du immer schneller rennst. Die explodierenden Protea-Blumen. In deiner Wahrheit. Die alte Wahrheit, in der du mit deinem alten Namen um dein Leben rennst, um dem Kugelhagel zu entkommen. Zwei explodierende Geschosslinien.

Kaum noch wenige Meter von mir weg.
Dein geöffneter Mund. Die aufgerissenen Augen.
Du fällst hin, als hätten sich deine Beine schlagartig in Luft aufgelöst.
Und im Fallen wirfst du mir den Rucksack zu.
Während du, im Fallen gestoppt, den Kopf merkwürdig abwinkelst. So dass er auf der Schulter aufliegt.
Direkt zu meinen Füßen.

Endlich.
Habe ich wieder meinen Schatten.

Während sich der Helikopter herabsenkt, ergreife ich in einer Wolke aus auffliegendem Sand und peitschendem Gras den Rucksack. Ich nehme den Ausweis heraus. Mein neuer Name. Winke mit dem Ausweis dem sich herabsenkenden Helikopter, aus dem eine Strickleiter herunterfällt. Und klettere in ein neues Leben.

V

ZEIT UND WAHRHEIT

Was ist das Allerletzte, an das Sie sich erinnern möchten, wenn Sie sterben?

Zur Stimme gehört ein Lächeln und zum Lächeln ein Gesicht mit tiefen, beweglichen Furchen – als hätte es jemand einmal wie ein Taschentuch zerknüllt und dann wieder ausgebreitet. Ein Gesicht mit dunkelgrauen Augen, in denen sich braune Sternchen befinden, um die Augen Leberflecke, nach hinten gekämmtes Haar, schwarz wie Steinkohle.

Beinahe unmerklich hängt Nebel in der Luft, ein zarter Schleier aus Milchmolekülen.

„Was ist das Allerletzte, an das Sie sich erinnern?“, wiederholt der Mann leise. Die tiefste Furche läuft vom Mundwinkel hinauf zum linken Auge. „Was ist das Allerletzte ...“ Der Trost in dieser Stimme.
Ich schüttele den Kopf: „Ich ...“
Der Mann beugt sich zu mir herab. Er nickt ermutigend.
„Ich weiß eigentlich nicht ...“, sage ich. Es klingt verzweifelter, als ich es vorhatte.
„Das macht gar nichts“, sagt der Mann.
Ich habe keine Ahnung, wie ich hier auf dem Boden gelandet bin, zu seinen Füßen. Ich habe keine Schmerzen. Der Mann streckt eine Hand nach mir aus.
„Wo bin ich?“, sage ich.
Mühelos hievt der Mann mich hoch.

„Das ist eine komplizierte Frage“, sagt er.
Ich klopfe den Staub von meinem Anzug.
„Kompliziert und doch auch wieder nicht“, sagt der Mann. Er schaut, als würde er gleich einen Lachanfall bekommen. „Sie haben ein Loch am Ellenbogen“, sagt er. Er sortiert meinen Kragen und streicht kurz über das Revers meiner Jacke. Ich lege die Hand auf meine rechte Hosentasche, auf die linke Hosentasche, die Jackentasche, aber ich kann meinen Schlüsselbund nicht finden.
Ein Schulterklopfen, dann ein sanfter Druck in meinem Rücken.
„Alles wird gut“, flüstert er. Die Krähenfüße um die Augen, die Leberflecke.
„Ich denke, ich gehe am besten nach Hause“, sage ich.
Der Mann schüttelt den Kopf.

Ich befinde mich in einem Zimmer, aber es ist zu groß, es macht nur den Eindruck eines Zimmers, ohne dass Fußboden, Wände und Decke Anfang oder Ende hätten – vielleicht kommt das durch den Nebel, in dem sich alles auflöst. So weiß.
„Ich muss nach Hause“, sage ich zu mir selbst.
Dicht an meinem Ohr, die sanfte Stimme des Mannes: „Ruhig, Junge.“ Der Mann steht ein paar Meter von mir entfernt. Jetzt erst merke ich, dass wir nicht die Einzigen im Zimmer sind. Je länger ich umherschaue, desto mehr Männer und Frauen sehe ich, Männer und Frauen jeden Alters und in allen denkbaren Positionen liegend, sitzend, stehend. Manche spazieren umher, einige untergehakt, ein paar mit geschlossenen Augen, als hörten sie Musik. Zwischendrin bahnen sich Kinder mit ihren Händen einen Durchgang. Es gibt hier Tiere, die auf einem Bein stehen, wieder andere schlafen mit dem Kopf unter ihren Federn. Der

ganze Raum wirkt fiebrig, wie die Straßen von Bombay, wo es nur so wimmelt von Fahrradfahrern, Karren, Fußgängern, Autos und Kühen, wo aber alles reibungslos abläuft, so lange nur jeder in Bewegung bleibt. Genauso ist es auch hier, aber ohne all die Fahrzeuge und vor allem ohne den dazugehörigen Krach.

Zwischen den Leuten sehe ich den Mann, der mir aufgeholfen hat. „Ich bin ganz ruhig", sage ich.
Er hebt den Daumen.
Wie soll ich diese Stille beschreiben? Wie der Atemrhythmus von jemandem, der neben dir einschläft, so dass du im gleichen Takt zu atmen beginnst.

Gleich beim ersten Schritt pralle ich auf jemanden.
„Amelia", sagt die Frau. Sie zeigt auf sich und danach auf meinen Fuß. Ich habe nur einen Strumpf an, eine schwarze Socke. Und ich stehe auf ihrem Fuß. Ich entschuldige mich und starre auf meinen Fuß. Auf den nackten Fuß.
„Wo habe ich ...", sage ich.
„Wo haben Sie was?"
Ich starre weiterhin auf meinen Fuß.
„Ich weiß wirklich nicht, wo ..."
„Sie möchten wissen, wo die andere Socke geblieben ist." Sie hat Haare und Augenbrauen einer Frau, aber das Gesicht eines Knaben. Das Jochbein. Einen etwas zu großen Mund.
„Und meine Schuhe", sage ich.
„Sie sind neu hier." Keine Frage, eine Feststellung.
In der Ferne steht der alte Mann und schaut lächelnd zu mir herüber.
„Mach schon, Junge", sagt er. Ohne seine Lippen zu bewegen.

Die Frau nimmt meine Hand. Sie führt mich zwischen den sich bewegenden Körpern hindurch, bis ich nicht mehr weiter kann, da ein kleiner Junge seine Arme um meine Hüfte geschlagen hat. Er drückt seine Wange an meinen Bauch. Erstarrt bleiben wir so mehrere Sekunden stehen. Noch bevor ich meine Hand auf seinen Kopf habe legen können, beugt sich die Frau schon zu ihm hinunter, umfasst sein Gesicht mit beiden Händen – er hält die Augen geschlossen – und gibt ihm einen Kuss. Während sie sein Gesicht weiter festhält, reibt sie ihm mit ihrem Daumen über die Wange, um den Lippenstift zu verwischen. Der Junge dreht sich um und geht weg. Ihr Mund. „Er ist auch neu hier", sagt sie. Sie stellt sich dicht vor mich, lehnt sich beinahe an mich.

„Warten Sie kurz."

Sie legt ihre Hände auf meine Schultern, stellt sich auf die Zehenspitzen, und ihr Gesicht nähert sich meinem noch weiter. Genau wie der kleine Junge schließe ich meine Augen.

„Schauen Sie nach links."

Ich drehe den Kopf nach links. Mit einem Finger zieht sie mein rechtes Augenlid nach unten. „Jetzt nicht bewegen", flüstert sie.

„Was ..."

„Nicht bewegen!"

Ich denke: Ich kenne Sie überhaupt nicht.

„So", flüstert sie.

Danach wischt sie etwas von meinem Jochbein.

„Mund auf." Ein Finger zieht meinen Mundwinkel auseinander.

„Zunge hoch. Ja. Nach unten."

Ihre Finger in meinem Mund.

„Umdrehen."

Sie durchsucht meine Haare.

„Kommt Ihnen das bekannt vor?“
Ich schaue auf ihre Hand. Glassplitter.
„Erinnern Sie sich, meine ich?“
Ich befühle mein Auge. Im Zimmer hängt Nebel. Aber das ist kein Zimmer. Wir stehen an einer großen Wand.
„Und nun kümmern wir uns um Ihre Füße.“ Sie kneift mir in die Schulter. Ich folge ihr.

Sie hat das Gesicht einer Frau, aber den Körper eines Knaben. Lange Hose, Lederjacke.

So hoch wie man schauen kann und noch höher liegen hier aufgetürmte Socken und Strümpfe, einfarbig oder mit Motiven und farbigen Mustern bedruckt, ein Berg, so bunt, dass er an einen asiatischen Tempel erinnert.
Sie stößt mich mit ihrem Ellenbogen an.
„Wie finde ich in Gottesnamen meine Socke wieder?“
Sie zeigt auf einen Mann, der auf uns zukommt.
„Wieder dabei die Welt zu retten, liebe Amelia?“, sagt er – mittleres Alter, er wird langsam kahl. Mit einem Blick, von dem man die Augen nicht abwenden kann.
„Raoul“, sagt Amelia und küsst ihn auf die Wange. Sie zeigt auf mich. „Er sucht die passende Socke.“

„Und Sie heißen?“, sagt der Mann. Er sagt das mit anderen Worten in einer anderen Sprache, aber ich verstehe ihn perfekt. Ich weiß nicht, was ich antworten soll. Ich erinnere mich nicht an meinen Namen.
„Klar doch“, sagt der Mann. „Entschuldigung.“
Amelia sagt: „Das kommt durch den ...“

Raoul ergänzt: „... durch den Schock."
„Welcher Schock?", frage ich.
„Seine Hornhaut wurde verletzt", sagt sie zu Raoul.

Raoul verschwindet in dem Sockenberg. Ich lege meine Hand auf meine rechte Hosentasche, die linke Hosentasche, die Jackentasche, aber ich finde weder Schlüsselbund noch Handy.
Ich will mein Auge betasten, aber Amelia hält meinen Arm fest.
„Das geht vorüber", sagt sie, „machen Sie sich keine Gedanken."
Raoul kommt mit einer Socke zurück. Der passenden Socke.
Ich stelle mich auf ein Bein, damit ich die Socke anziehen kann. Ich mache mir keine Gedanken, ich suche nur nach dem richtigen Wort.
„Kommt ihr?", fragt Raoul.
Die Hand zwischen meinen Schulterblättern, führt Amelia mich zu einem erhöhten Bereich im Zimmer.
Jetlag. Das ist das Wort. Mir ist schwindelig im Kopf, wie bei einem leichten Jetlag.

Amelia führt mich zu dem Podest im Zimmer. Dutzende Tische, auf denen eifrig Backgammon gespielt wird: Hände, die jeweils zwei Würfel aus einem Becher in eine mit Filz bekleidete Schale auskippen, woraufhin runde, flache Spielsteine, in Rot oder Schwarz, verschoben werden. Eine Sprache aus Steinen und schnellen Bewegungen. Schlagen oder geschlagen werden, Augenkontakt, ein Biss auf die Lippe. Ein Zeigefinger, an der Kuppe ganz weiß, drückt einige Sekunden lang auf einen roten Stein, trollt sich dann wieder. Zweifel, Strategie. Zeigefinger auf der Oberlippe. Gedämpfte Stimmen.

„Der mit dem Schnurrbart“, zeigt Amelia, „heißt Sandor.“ Hohe Stirn, braune Augen, ein Schnurrbart wie zwei Schwalbenflügel. Sandor würfelt, verschiebt einen Stein, und als er Amelia sieht, fängt sein Gesicht an zu strahlen.

„Und das hier ist Philipp Christoph von“, sagt Amelia, während sie die Schultern eines Mannes auf unserer Seite knetet – eine Flut brauner Locken um ein Milchgesicht, mit einer sichelförmigen Narbe von der Augenbraue bis zum Jochbein.

„Wir nennen ihn nur ‚von‘“, sagt Sandor.

Amelia hört auf, ihn zu massieren. Der Mann berührt mit seinem Hinterkopf kurz ihren Bauch.

„Ich heiße Natalee“, sagt eine junge Frau mit blondem Haar, einem perlmutten glänzendem Lächeln, rosigen Augenlidern, sie gibt mir High five. Ihren anderen Arm hat sie um die Schultern eines Mädchens in einer zitronengelben Hose und einem grasgrünen Oberteil gelegt. Das Mädchen zieht seine Hose

hoch, während sich sein Mund bewegt, als spräche es mit sich selbst. Es schaut auf seine Füße, als sähe es diese zum ersten Mal und als würde es von diesem Anblick nicht genug bekommen können.
„Hallo“, sage ich. Und danach noch leiser: „Hallo“.
Gleichzeitig nehmen wir uns in die Arme. Sie presst ihre Wange an meinen Bauch. Ich lege die Hand auf ihre Haare. Amelia sagt: „Sie ist ...“
Ja, denke ich, sie ist hier auch neu.

Im Gewühl sehe ich den Mann, der mir aufgeholfen hat.

Natalee sagt: „Gleich seid ihr dran.“ Und dann verändert sich ihr Gesicht vollkommen. Und sie kann ihre Augen keine Sekunde mehr von dem Mann abwenden, der sich zu uns gestellt hat, ein Mann, der einen solch erschöpften Eindruck macht, dass es ein Wunder ist, dass er nicht einfach umfällt.
„Das ist Ettore“, sagt Natalee. Sie spricht den Namen aus wie den Namen eines sehr seltenen Diamanten.
Raoul sagt nichts. Raouls Augen, was ist bloß los mit diesen Augen – die verletzlichen Augen von jemandem, den du schon dein ganzes Leben mit Brille gekannt hast, und plötzlich nimmt er die Brille ab, und du kennst ihn nicht mehr.

Natalee setzt sich auf den Platz gegenüber dem Mädchen mit der zitronengelben Hose, das Mädchen guckt unter seinem Pony zu mir herüber; ich zwinkere beruhigend, es zwinkert zurück, indem es beide Augenbrauen hochzieht und die Augen ganz fest zusammendrückt.
Amelia setzt sich zu mir, dann fängt das Ritual der Würfel, Becher und flachen Spielsteine an. Hinter dem Mädchen sitzt jetzt von und er flüstert ihr zu, was sie zu tun hat – jedes Mal legt sie ihren Kopf auf die Schulter, weil seine Locken sie am Ohr kitzeln, jedes Mal lässt sie ihren Arm über dem Spielbrett schweben, bis er ihr Handgelenk zwischen Zeigefinger und Daumen nimmt, um mit ihrer Hand die Steine zu versetzen oder den Becher zu schütteln. Die ganze Zeit über hält sie die Augen gesenkt.

Aus dem Gewühl heraus beobachtet mich der Mann, der mir aufgeholfen hat.

Amelias Stimme klingt tief, die Ich-weihe-dich-ein-Stimme, jede Silbe wird betont. Ihr Mund bewegt sich. Als würdest du mich tanzen lehren, denke ich. Abrupt hört sie auf zu sprechen, schaut mich einige Sekunden direkt an und fährt dann mit ihren Erklärungen fort. Tanzen, denke ich. Wieder blickt sie mich einige Sekunden lang an. Dann beginnt sie abermals zu sprechen, das Einzige, was ich tun muss, ist, ihren Anweisungen zu folgen.
Das Spiel. Das Pendeln von Amelias Handgelenk, wenn sie

würfelt. Der kleine Finger, den sie beim Verschieben der Steine abspreizt.

Das ganze Podest des Zimmers ist voll. Mucksmäuschenstill ist es in der Luftblase, in der Amelia mir die Choreografie der Steine beibringt, die wie rote und schwarze Schuhe über den Filz gleiten. Darin aufgehen. Die uralte Stille der Versenkung.
Bis sie sagt: „Sie haben es fast geschafft."
Der Mann, der mir aufgeholfen hat, steht neben Raoul.
Ich schüttele den Becher und kippe die Würfel aus – die Geste des Aussäens. Der Mann, der mir aufgeholfen hat, flüstert Raoul etwas ins Ohr. Am Tisch neben uns hebt von das Mädchen jubelnd in die Luft. Raoul flüstert etwas in Amelias Ohr. Sie schüttelt verärgert den Kopf.
„Auf die Würfel schauen", sagt sie zu mir. „Und dann auf das Spielbrett. Wenn Sie den einen Stein verschieben, haben Sie gewonnen."
Ich blicke weiter zu dem Mann hinüber, der mir aufgeholfen hat.
Amelia nimmt meine Hand, legt sie auf den richtigen Stein und zieht die Hand auf ihre Seite des Bretts hinüber.
„Herzlichen Glückwunsch", sagt sie. „Sie haben gewonnen."
Der Mann, der mir aufgeholfen hat, dreht sich um und verschwindet im Gewühl.
Ihre Hand noch immer auf meiner schiebe ich den Spielstein dorthin zurück, wo er zuvor lag. Ich stehe auf und gehe.

Wie eine Wolke über unseren Köpfen, so weiß ist dieser Nebel.

Ich möchte allein sein, denke ich, ganz kurz allein.
„Was ist los?" Ich höre die Stimme von Amelia zwar, kann sie

aber nirgendwo mehr sehen; wo sie eben noch stand, ist sie nicht mehr – bewegen wir uns oder bewegt sich dieser Ort?
„Ich muss zurück“, sage ich.
„Du hast alle Zeit, die nötig ist“, sagt der alte Mann, aber auch ihn entdecke ich nicht.
Und dann spüre ich zwei Arme, die sich unter meine Arme schieben und zwei Hände, die sich auf meine Augen legen.
„Was hätten Sie am liebsten?“, flüstert Amelia in mein Ohr.
„Was ich …“
„Wollen würde. Am liebsten. Gar nicht erst nachdenken, schnell antworten, jetzt.“
Ganz leise: „Ich erinnere mich nicht an meinen Namen.“
Sie nimmt die Hände weg.
Ich lasse die Augen geschlossen.

Überall stehen hohe opake Schränke. Als Amelia das Glas aus meinem Mund entfernt hatte, zog sie eine der Schubladen auf, schmiss die Splitter hinein und putzte sich die Hände an der Hose ab. Mit Tinte hatte jemand auf die Innenseite ihres Handgelenks einen Kompass gemalt, in Form einer Damenuhr – manche Leute tragen ihre Uhr nicht außen am Handgelenk, sondern innen. Statt der Ziffern für die Stunden wurden an ihrem Handgelenk die Windrichtungen angezeigt. Nur ein paar Sekunden lang konnte ich die Zeichnung sehen; Amelia schüttelte ihren Arm aus und der Ärmel fiel wieder bis über ihre Hand herab.

Amelia öffnet eine der Schranktüren und schiebt mich durch die Öffnung, aber mitten im Schritt bleibe ich stehen.
„Atme tief ein", sagt sie.
Ihre Hand auf meinem Bauch.
„Tiefer", flüstert sie. „Atme durch den Bauch."
Ich spüre, wie sich zuerst meine Schultern entspannen und dann der Nacken. Wie sich eine Klammer um meinen Kopf öffnet, wie eine Hand, die sich im Schlaf entspannt. Dann spüre ich die Kopfschmerzen – jetzt erst begreife ich, dass ich seit der ersten Sekunde, die ich hier war, Kopfschmerzen hatte. Wie diese ganz langsam verschwinden, wie eine sehr kalte Flüssigkeit, die durch ein Kapillargefäß tröpfelt.

Milchigweiß. Der Nebel. Hauchdünn. Wir spazieren in einem weichen, gefilterten Licht. Sie lotst mich an einem schlafenden Tier vorbei – ich kann nicht erkennen, was für ein Tier es ist, es liegt ganz in sich zusammengerollt da, hat einen Pelz – und überall gehen Menschen Arm in Arm. Sie sagt: „Ich denke, dass alles gut wird."

„Was alles?"

„Was Sie betrifft." Für eine Sekunde legt sie ihren Kopf an meine Schulter. Das Leder ihrer Jacke knirscht. Schweigend gehen wir weiter, dorthin, wo mehr Menschen sind. Männer und Frauen stehen, sitzen oder liegen in einem Kreis und hören Kindern zu, die wiederum einen Kreis bilden und singen. Jetzt, da wir zwischen Menschen stehen, von denen die meisten die Augen geschlossen halten, presst sich Amelia fester an mich. Manche umarmen einander, einige Menschen auf dem Boden haben ihre Arme um die Knie geschlagen.

„Wer sind sie?", flüstere ich.

Aber Amelia hört mich nicht. Auch sie hält die Augen geschlossen und nur ihre Lippen bewegen sich ein bisschen, als würde sie innerlich mitsingen. Zartes Licht fällt auf ihr Jochbein, auf die Augenlider. Etwas entfernt steht der alte Mann, der mir bei meiner Ankunft aufhalf. Von Ohr zu Ohr grinsend, wiegt er sich im Rhythmus der Musik. So ansteckend ist sein Lächeln, dass ich erst nach einer Weile sehe, dass er barfuß ist und seine Socken in den Fingern hält. Sein Hosenschlitz steht auf.

Die singenden Kinder. Ein Mädchen, zerbrechlich, *petite* – es kann nicht älter als zehn sein – eine wundervolle Kreolin, fummelt an ihrem Rock herum. Sie schlägt jedes Mal die Augen auf eine lustige Weise gen Himmel, wenn sie hohe Noten singt, wodurch ihr lockiger Haarschopf nach hinten fällt; dann schaut sie wieder nach vorn. Ein wenig erstaunt blickt sie durch jeden hindurch, und die ganze Zeit über bewegt sie den Stoff ihres Rockes zwischen Daumen und Zeigefinger. Genau wie der Junge neben ihr, wie alt wird er wohl sein, vierzehn, fünfzehn? Ein Körper, der noch asymmetrisch ist, zweifelnd zwischen Junge und Mann. Dazu ein so makelloses Gesicht, das nicht so recht zu den behaarten Beinen passen will, die aus seiner kurzen Hose hervorschauen. Er blickt die Zuhörer an, möchte uns überzeugen. Die angeschwollene Ader an seinem Hals. Aber auch er kann es nicht lassen, während des Singens an seinem Hemd zu pfriemeln.

Das Mädchen neben ihm muss seine Zwillingsschwester sein. Ihr Haar hat sie hochgesteckt, so dass man ihren langen, feinen Hals sieht. Sie legt ihre Handflächen auf die Augen und bewegt die Hände sehr langsam von den Augen hin zu den Wangen, als wäre sie todmüde. Ganz kurz schaut sie zu ihrem Bruder hinüber, nickt, und singt mit neuem Mut weiter.

Und dies ... Dies ist das schlagende Herz des Singens: Ein Mädchen von etwa zwölf Jahren artikuliert so auffällig, als würde es die Worte, die es singt, im selben Augenblick erst erfinden. Manchmal schließt sie für wenige Sekunden die Augen und legt die Hand knapp unter den Hals, nur einige Fingerspitzen, eine sehr weibliche Geste. Vom Kopf bis zu den Zehen strahlt sie ein Lächeln aus – sie spendet Licht und ich kann meine Augen nicht von ihr abwenden. Sie ist so ungestüm, dass ihre rechte

Hand bisweilen das grasgrüne Oberteil des Mädchens neben ihr berührt, das den Kopf etwas zur Seite gelegt hat und auf die eigenen Füße schaut. Das Mädchen streicht sich den Pony hin und wieder aus dem Gesicht. Ihr Runzeln: wie der Anfang des Heulens. Manchmal zieht sie die Schultern nach innen, als würde ihr jemand kaltes Wasser in den Nacken gießen, aber dann wird sie auch schon wieder von dem strahlenden Mädchen neben ihr mitgerissen.

Wie erstaunlich auch jeder für sich ist, es ist ihr Zusammenspiel, das erbarmungslos einen Weg zu einem verborgenen Ort in deinem Gehirn findet, Säuren und Salze freisetzt, so dass sich die Zusammensetzung des Blutes verändert. Mit einem Fingerschnippen. Ja, es ist traurig und doch auf eine eigentümliche Art leicht, ja, schön, aber auch ... Als würde es Heimweh erzeugen nach etwas, das noch gar nicht passiert ist. Die Tristesse der Hoffnung. Aber ohne Hoffnung. Und ganz sicher ohne Hoffnungslosigkeit.
Ich blicke über die Schulter. Jemand hilft dem alten Mann dabei, die Socken anzuziehen. Raoul lässt uns nicht aus den Augen. Er schaut ernst.
Licht, das von durchscheinenden Baumkronen gefiltert an unsichtbaren Fäden hinabschwebt.
Wir begegnen Natalee, die hockend auf einen am Boden liegenden Mann einspricht. Sie versucht, ihn am Arm aufzurichten, aber er lässt sich jedes Mal wieder fallen und verbirgt sein Gesicht in den Armen. Amelia eilt zu Natalee. „Lass ihn doch."
„Ettore ist zurückgegangen. Es ist jedes Mal dasselbe, wenn er zurück-" Amelia unterbricht sie mit einer Kopfbewegung in meine Richtung. Natalee packt Ettore wieder, versucht seinen

Arm über ihre Schulter zu legen, um ihn hochzustemmen, die losen Haare vor ihrem Gesicht, die Beine gespreizt.

„Komm“, sagt Amelia zu mir.

„Verdammt nochmal!“, flucht Natalee. „Fuck, man, Ettore, mach schon.“

Amelia seufzt. „Stört es Sie, wenn ich kurz helfe?“

In diesem Augenblick sehe ich das Mädchen mit der zitronengelben Hose und dem grasgrünen Oberteil. Sie ist so verlegen, dass sie ihr Gesicht komplett unter ihrem Pony versteckt. Ihre Schultern versteifen sich, als ich mich vor sie hinhocke.

„Wie heißt du?“

Nach einer langen Pause: „Das weiß ich nicht.“

Natürlich nicht.

„Ich kenne meinen Namen auch nicht.“

Ein Ruck unter ihren Haaren.

Ich sage: „Du singst schön.“

Sie bleibt mit geneigtem Kopf stehen. Und dann plötzlich legt sie ihre Stirn an mich. Ich muss mich hinunterbeugen, um zu verstehen, was sie sagt.

„Ich weiß.“

„Wo hast du das gelernt?“, frage ich.

Sie schüttelt den Kopf.

Und dann, fast unhörbar: „Ich weiß es nicht.“

Sie greift meine Hand. Sie flüstert: „Der Mann hat gesagt, er weiß, wer du bist.“

„Welcher Mann?“

„Aber das durfte ich dir gar nicht erzählen.“

„Welchen Mann meinst du?“

„Der mit den Socken in den Händen.“

Sie zieht mich an meiner Hand zu sich hinunter. „Aber das hast du nicht von mir. O. k.? Das hab ich dir wirklich nicht erzählt.“ Sie legt meine Hand auf ihren Mund und schüttelt den Kopf.

Die Gruppe der Zuhörer löst sich auf; einige summen noch die Melodie, können sich noch nicht von ihr verabschieden.
Ich suche den alten Mann, den Mann mit den Socken, der Mann, der weiß, wer ich bin.

Raoul hat sich neben mich gestellt. Ein kurzes Nicken. Beide betrachten wir den alten Mann.
„Jemand hat mir erzählt, dass dieser Mann meinen Namen weiß."
Raoul schüttelt den Kopf. „Nein."
„Was meinst du?"
„Nein, das kann nicht sein", sagt Raoul.
„Aber wer ..."
Raoul blickt auf die Spitzen seiner Schuhe, als wollte er etwas richtigstellen.
„Das können Sie nur selbst", sagt er.
Wir schweigen. Der alte Mann ist in der Zwischenzeit so weit weggeschlurft, dass er sich auflöst.
„Niemand sonst", sagt Raoul. Seine Fingerspitzen schlagen aufeinander. „Also gut", sagt er. Eine kleine Verbeugung. „Danke für das Gespräch." Und weg ist er.

Ich stolpere über meine eigenen Schuhe, die vor meinen Füßen stehen.

Ich. Allein.

„Worüber habt ihr gesprochen?“, fragt Amelia.
Ich gehe ein paar Schritte. Meine Schuhe fühlen sich an wie neu.
Amelia hat sich ihre Jacke über die Schulter gelegt, den Finger im Aufhänger. Sie hält den Kopf ein wenig schief.
„Also?“
Ich gehe nochmals in die Knie, um die Schnürsenkel meines rechten Schuhs fester zu ziehen. Danach mache ich wieder einige Schritte.

„Ich sehe Schnee. Aber keinen wirklichen Schnee“, sagt Amelia.
„Ich bin unter Wasser und überall um mich herum fallen Trümmer, und der aufwirbelnde Staub ist der Schnee, allerdings unter Wasser.“
Ich nicke. Schnee. Unter Wasser.
„Und Sie sehen Nebel“, sagt sie.
Sie legt sich die Jacke über den Arm. Sie trägt eine Reithose über kurzen Stiefeln. Sie hebt kurz ihre Augenbrauen und geht dann los.
„Passen sie noch?“, fragt sie und zeigt auf meine Schuhe.
„Ich sehe Nebel. Ich kann in den Nebel hineinblicken, ich meine, ich kann in die einzelnen Nebeltröpfchen hineinblicken, bis in die einzelnen Moleküle.“
„Und was sehen Sie da?“
Dich, denke ich, aber ich sage: „Nichts, ich kann nur bis in die Moleküle schauen, ganz einfach so, um in den Molekülen aufzugehen.“

Sie kneift ihre Augen halb zu, schnappt nach Atem, um etwas zu antworten, sagt dann aber doch nichts.
„Es beruhigt mich“, sage ich.
Etwas sticht in meine Fußsohle, und ich ziehe, auf einem Bein stehend, den Schuh wieder aus.
„Es ist Glas“, sagt Amelia noch bevor ich es aus dem Schuh geschüttelt habe und sie sich bückt, um es aufzuheben. Wieder sehe ich den Kompass auf der Innenseite ihres Handgelenks. Während sie noch gebeugt dasteht und sich mir zuwendet. Ein kurzer Blick auf ihre Brüste, in schwarzen Körbchen, bevor sie mit der rechten Hand die Bluse schließt. Ich ziehe meinen Schuh wieder an.
„Hier“, sagt sie und wartet auf mich, um mir die Glasscherbe in die Hand zu legen.
Wir gehen weiter.

Sie lächelt und schaut, als näherte sich etwas aus der Ferne.
„Wissen Sie“, sagt sie, „von der ersten Sekunde an, die ich hier war, hat sich Raoul um mich gekümmert. Wirklich, seit der ersten Sekunde.“ Sie schnippt mit den Fingern. „Raoul ist ...“
Sie bleibt stehen und saugt Luft ein.
„Er ist ... eher der beschützende Typ.“ Sie nickt und spaziert weiter. „Und das ist er schon sein ganzes Leben. Und das wird er auch immer sein, Raoul, der Beschützer. In Großbuchstaben.“

Als sie sich hinunterbeugte, um die Glasscherbe aufzuheben, erhaschte ich einen Blick auf ihre Brüste, aber ich erinnere mich vor allem an die Zeichnungen auf ihrer Haut. Zeichnungen, die von der Innenseite ihres Handgelenks unter dem Ärmel weiterlaufen über die Schulter bis unter ihre Bluse.

Sie bleibt stehen, wartet, bis ich auf dem gleichen Weg zurückgekehrt bin und schaut mir in die Augen.
„Darf ich Sie etwas fragen?“
„Natürlich.“
Sie spitzt ihre Lippen, nickt. „Wenn ich Sie bitten würde, mir zu helfen, würden Sie das machen?“
Und noch bevor ich antworten kann: „Egal, worum ich bitte? Machen Sie das?“
Sie schließt die Augen.
„Natürlich“, sage ich.
Sie hält die Augen geschlossen.
„Ja oder Nein? Ich möchte, dass Sie mit Ja oder Nein antworten.“
Aber bevor ich ihr eine Antwort geben kann, spaziert sie schon weiter.

„Wissen Sie, Raoul möchte mich beschützen, aber manchmal will er mich auch vor Dingen beschützen, die ich selbst möchte. Sachen, die ich ab-so-lut will. Oder tun muss. Weil ich unbedingt möchte, dass sie gut für mich sind. Verstehen Sie?“ Ich halte die Glasscherbe in der Hosentasche zwischen den Fingern und fahre mit dem Daumennagel über die scharfe Kante.
„Ja“, sage ich. „Ja, auf beide Fragen.“
Lächelnd hakt sie sich unter, geht schneller und sagt: „Ich muss Ihnen etwas zeigen.“
Und wenig später: „Sie können die Scherbe in einen der Schränke legen. Es sei denn, Sie hängen daran.“

„Raoul, der Beschützer“, sage ich.
Sie lacht und bohrt einen Finger in die Luft. „In Großbuchstaben.“

„Wie kannst du wissen, was Raoul sein ganzes Leben über gemacht hat?“

„Das weiß ich ganz einfach.“ Sie geht entschlossen weiter.

„Hat er es dir erzählt?“

„Man könnte es so formulieren.“

„Und wie kann man es sonst formulieren?“

Jetzt bleibt sie stehen.

„Sind Sie mir böse?“, fragt sie.

„Nein, ich bin nicht böse. Aber ich würde doch gerne eine Antwort ...“

„Er hat es uns erzählt. Ettore und von und vielleicht auch Natalee, obwohl ich nicht genau weiß, ob sie wirklich zugehört hat, sie ist ziemlich auf Ettore fixiert. Also gut, was ich sagen will, ist, dass es ganz normal ist, dass man solche Dinge jemandem erzählen muss, vielleicht weil sie einfach zu gewaltig sind. Oder besser gesagt: Manchmal ist es ein großer Schock, wenn du ... bestimmte Dinge erfährst. Und um diesen Schock abzumildern, sprichst du mit deinen Freunden darüber.“

„Heißt das, dass du auch über Ettore und über von und über Natalee solche Sachen weißt ...“

Sie nickt.

„... Sachen, die so heftig oder so schockierend oder so schwer sind ...“

Sie nickt.

„Weißt du solche Sachen über mich?“

Sie legt ihre Hand auf meine Wange. Ich schaue von ihr weg, aber sie dreht meinen Kopf zu sich herüber.

„Nein“, sagt sie. „Ich weiß keine Dinge über Sie. Sie haben mir nichts erzählt.“

„Das Einzige, das ich über dich weiß, ist, dass du einen Kompass auf deinem Arm trägst und Zeichnungen auf deinem Bauch und dass du mit mir sprechen kannst, ohne zu sprechen, und dass Raoul dein Schutzengel ist und du möchtest, dass ich etwas für dich mache."

„Woher wissen Sie von den Sachen auf meinem Bauch ..."

„Weißt du, wie ich heiße?"

Sie schüttelt den Kopf.

„Wirklich nicht?"

„Ich muss Ihnen etwas zeigen", sagt sie.

Wenige Sekunden später sagt sie: „Wenn Sie gesehen haben, was ich Ihnen jetzt zeigen werde, werden Sie alles besser verstehen."

Ich seufze.

„Bitte", sagt sie.

Der Schrank ist nicht nur ein Schrank, sondern dient auch als Tür. Ich werfe die Scherbe in eine Schublade, und hohe Tafeln schieben sich zur Seite. Besser gesagt, ich nehme an, dass sich Tafeln zur Seite schieben, da der Himmel sich ein klein wenig verändert hat.

„In diese Richtung." Amelia zeigt nach rechts.

Ich reibe über mein Gesicht.

„Was ist los?"

„Ich habe Kopfschmerzen."

Abrupt bleibt sie stehen. Um sofort, jetzt etwas schneller, weiterzugehen.

Kopfschmerzen. Ich rolle meinen Kopf von links nach rechts und es knirscht. Als hätte jemand feinen Schutt zwischen meine Nackenwirbel gestreut.

„Wir sind gleich da", sagt sie. Aus der Jackentasche nimmt sie einen Schal, den sie sich um den Hals wickelt.

Ich bewege meinen Kopf nach links, und mit einem Knacken renken sich die Halswirbel wieder ein.

„Hier ist es", sagt Amelia.

Ich sehe das Mädchen mit der zitronengelben Hose und dem grasgrünen Oberteil. Es tanzt um eine alte Frau herum. Diese versucht die ganze Zeit, seine Hand zu ergreifen, aber das Mädchen hüpft vom linken auf den rechten Fuß und bei jedem Schritt, den es macht, singt es. „Was. Ist. Das. Al-ler-letz-te. An. Das. Sie. Sich. Er-in-nern?“
Dann Stille.
Und gerade als die Frau die Hand gepackt hat, fängt das Mädchen wieder an „Was. Ist. Das ...“

Ich ergreife den Arm von Amelia und sage: „Ich erinnere mich ...“
Sie nickt aufmunternd.
„Bin ich auch auf diese Weise hier angekommen?“, frage ich.
Sie sagt: „Marcel.“
Es ist eine Weile still.
„Er heißt Marcel, der Mann, der Sie abgeholt hat.“
„War das hier?“
Sie zuckt mit den Schultern. „Manchmal ist es hier. Wissen Sie, man kann sich nur schwer zurechtfinden im Nebel.“ Ein kurzes Lachen.
„Im Schnee“, sage ich.
„Da gibt es zumindest Fußspuren, denen man folgen kann“, sagt sie und nimmt meine Hand. „Kommen Sie mit.“
„Nein“, sage ich. „Wie komme ich wieder fort von hier?“
Mir ist schwindelig.
Sie schlägt die Arme um mich.
Wie mich Amelia eng umschlungen hält, eine Hand auf meinem

Rücken, eine auf dem Hinterkopf, spüre ich unter dem linken Schulterblatt, genau dort, wo ihre Hand liegt, einen heftigen, anschwellenden Schmerz. Ich drücke meine Stirn gegen ihre Schulter.

Im Ärmel meiner Jacke ist ein Loch mit eingerissenen Rändern. Blut tropft aus meinen Haaren hinter Amelias Rücken und bildet dicke Flecken auf dem Boden. Wimmernd versuche ich, meinen Kopf von links nach rechts zu bewegen. Amelia lässt mich los und macht ein paar Schritte. Sofort wird es besser. Der Schmerz ebbt ab.

Amelia zieht meine Arme hoch, und rasch untersucht sie mich von oben bis unten und von vorn und hinten. „Alles wird gut", sagt sie. „Nur Geduld."

Sie führt mich zu einem Mann, der in einer weiten Landschaft zu stehen scheint – er hält nach etwas in der Ferne Ausschau, die Füße energisch auseinander gestellt. „Vielleicht steht er ja mitten in einer Landschaft“, sagt Amelia, „aber das Wichtigste sind die beiden Hunde, die er versucht, in Zaum zu halten. An jeder Hand einen.“

„Zwei große Hunde?“

„An der Leine. Sie stehen auf den Hinterpfoten, und er kann sie kaum halten. Sehen Sie die Hunde?“

„Warum hat er zwei Hunde ...“

„Vielleicht sind sie real, vielleicht auch nicht.“

Ich versuche, die Hunde zu sehen.

„Vielleicht wird er hin- und hergerissen“, sagt sie.

„Von den Hunden?“

„Sinnbildlich natürlich.“

„Warum hält er dann einen Stein in den Händen?“

„Vielleicht bewegen sich seine Hände derart schnell, um gleichzeitig die Hunde in Zaum zu halten und den Stein nicht fallen zu lassen, dass wir seine Hände nur in jenem Bruchteil einer Sekunde sehen, in dem er den Stein vor sich hält.“

„Korrekt“, sage ich.

Sie stupst mich mit dem Ellenbogen an und schaut lächelnd zu dem Mann hinüber. Aber rasch erstarrt das Lächeln.

Laut atmend wischt sich der Mann die nasse Stirn und die Oberlippe an der Schulter ab und starrt wieder vor sich hin.

Er wimmert.

Er wird nach hinten geworfen, als würde er Schläge in die Magengrube abbekommen.
„My goodness“, flüstert Amelia.
Sie legt sich Daumen und Zeigefinger der rechten Hand auf die Schläfen und bewegt die Finger über die Stirn aufeinander zu, während der Mann zusammenzubrechen scheint. Er hat den Stein zu Boden fallen lassen. Er krümmt sich und keucht.
„Aber ich kenne diesen Ort!“, sagt Amelia.
Der Mann schüttelt ein paar Mal den Kopf, als würde er nicht glauben können, was er gerade erlebt.
„Ich kenne diesen Ort, aber …“ Amelia schlägt sich mit der flachen Hand auf den Oberschenkel.
Der Mann dreht sich um und geht haarscharf an uns vorbei. „… Afrika“, sagt er. „Der Hund von Afrika. Hund von …“
Amelia dreht sich um und ruft dem Mann hinterher. „Halt! Halt!“

Ich schaue mir den Stein an.
„Das ist kein Stein“, sage ich.
Amelia hält die Hände vor das Gesicht: „Denken, denken, denken“, sagt sie. „Denken, Amelia.“
Mit dem Fuß schiebe ich die Hälfte des gebrochenen Dings herunter.
„Jesses!“
„Was sagen Sie?“
Ich mache einen Schritt nach hinten.
„Das ist definitiv kein Stein“, sage ich.
Da die eine Hälfte hinuntergefallen ist, sehe ich einen zusammengerollten, versteinerten Embryo in der anderen Hälfte liegen. Den kräftigen Schnabel des Vogels kann man unmöglich übersehen.

Aber Amelia hört mir nicht zu.
„Das müssen Sie sehen!“, sagt sie.
Sie schlägt mir auf die Schulter.

Ich schaue über meine Schulter und erkenne – wo kommen die so plötzlich her – Dutzende Schatten, die aus dem Nebel auftauchen. Blutrote Papageien senken sich flügelschlagend herab. Ein schlanker Blaubock, mit großen, nach hinten zeigenden Hörnern kommt dicht an uns heran, gefolgt von einem ängstlich umherschauenden Falklandfuchs mit weißem Brustfell, einigen Emus mit traubenförmigen Brustfedern, grauen Hasenkängurus und Känguruatten, zwei würdig schreitenden Elefantenvögeln, einem Haastadler und einem Vogel, der ...
„Nein!“, sagt Amelia. Sie lacht. „Sag nicht, dass das ein echter Dodo ...“
Aber es ist ein Dodo.
Die Tiere kommen heran. Zum Ei. Und legen sich eines nach dem anderen, ohne ein Geräusch zu machen, neben- und übereinander um das zerbrochene Ei. Mit dem Dodo in der Mitte – er stellt sich breitbeinig über den Embryo, spreizt die Flügel, schüttelt die Federn auf und setzt sich, bildet das schmutzig-weiße Auge eines viel zu großen, mit Fell und Federn bedeckten Tieres.
Amelia geht in die Hocke.
Ich sage: „Das ist ... Pff. Das ist wirklich ...“
„Ich habe schon davon gehört, aber es ist das erste Mal, dass ich es mit eigenen Augen sehe“, sagt sie.
Etwas später: „Das ist wirklich eine der schönsten Sachen, die ich jemals ...“
Und noch später. Sie zeigt mit dem Kinn auf die Tiere. „Wir sollten sie besser in Ruhe lassen.“

„Was hast du gesehen, Amelia? Als du gesagt hast, dass du diesen Ort kennst?“

„Diese Landschaft, ich habe diese Landschaft wiedererkannt.“

„Hast du dort gelebt?“

Kopfschüttelnd steht sie auf. „Er, der Mann, lief durch die Landschaft. Wie ein Verrückter lief er herum. Ich sah, wie er sich von einem Hügel aus näherte. Und gleichzeitig stand er im Tal. Als hätte er auf sich selbst gewartet. Und der Mann, der rannte, stürzte und wurde plötzlich zu einem Hund.“

„Jeder wird gelegentlich doch irgendwie zu einem Hund, oder?“

„Hör auf, Mann.“

„Gib zu, das ist doch nicht möglich?“

„Was für ein Trottel bist du doch manchmal, Richard. Wenn ich sage, dass er zugleich über den Hügel lief und im Tal stand, dann ist das ...“

„Was hast du gesagt?“

„Dass du manchmal ein ziemlicher Trottel ...“

„Nein, der Name. Du nanntest einen Namen.“

Sie schnappt nach Luft.

Eine lange Stille.

„Das ist der Name meines Mannes“, sagt sie. Ganz leise sagt sie das. Ihre Augen ziehen sich zu schmalen Schlitzen zusammen, sie schüttelt ein paar Mal den Kopf und schaut dann von mir weg.

„Der Mann hatte einen Rucksack dabei. Einen grell-orangefarbenen Rucksack.“

„Der Mann, der rannte, oder derjenige, der auf ihn wartete?“

„Es schien, als würde der rennende Mann den Rucksack zu dem wartenden Mann bringen. Er rannte, als wäre es eine Frage von Leben und Tod, als würde etwas Schlimmes geschehen, wenn er den Rucksack nicht rechtzeitig übergeben würde. Schon beim Rennen zog er den Rucksack von den Schultern und hielt ihn in den Armen. Je näher er herankam, desto weiter hielt er ihn dem wartenden Mann entgegen. Als würde er mit letzter Kraft ..."

Ich denke an den laut atmenden Mann, der sich seine klitschnasse Stirn an der Schulter abwischt.

„Aber warum bekam er dann diesen Schlag ab? Vielleicht schoss der andere ihn nieder, der Wartende?"

Sie schließt die Augen. Schüttelt den Kopf.

„Nein."

Sie schaut mich an und sagt: „Nein, nicht der Wartende. Gerade noch rechtzeitig kann der Rennende den Rucksack dem Wartenden zuwerfen, aus der Hüfte, wissen Sie, wie Rugbyspieler das machen, und genau in diesem Augenblick ..."

„Verwandelte er sich in einen Hund", sage ich.

Ein Stoß wirft Amelia nach hinten. Und noch einer. Sie zeigt auf ihr Knie, die Oberschenkel, die Hüfte, die Brust.

„Hier und hier und hier und hier. Schüsse aus dem Hubschrauber. Und überall Blut. Und mitten im Sprung stürzt er. Sackt richtig zusammen. Als hätte er plötzlich keine Wirbelsäule mehr. Und das Gras bewegt sich in alle Richtungen, der Sand wirbelt in die Luft und ..."

Sie ist vollkommen erschöpft.

„Und beide haben dasselbe Gesicht. Wie Zwillinge. Sie ähneln einander wie ein Wassertropfen dem ..."

Ich lege eine Hand auf ihre Schulter, aber sie schüttelt sie ab.

„Und der andere Mann. Als würde er nicht einmal merken, dass

das Gras sich in alle Richtungen bewegt und der Sand aufwirbelt ... Als wäre es ihm egal, dass der andere Mann dort liegt. Er hebt den Rucksack auf und sucht etwas darin. Er nimmt etwas aus dem Rucksack ... einen Ausweis, den er rasch noch einmal durchblättert und dann ...“
Sie hält die Arme von sich gestreckt.
„Er hält ihn schief und führt ihn zu seinem Gesicht.“
Ihre Hände sind jetzt an ihrem Gesicht.
Und dann schaut sie mich an und sagt: „Das ist seine Art, seinen Namen zu erfahren. Seinen neuen Namen. Für ein neues Leben.“

Sie blickt mich an, als würde sie etwas von mir erwarten.

Sie sagt: „Dann winkt er in Richtung des Hubschraubers, aus dem eine Strickleiter heruntergelassen wird.“

Sie zieht eine Augenbraue hoch und schaut mich an. Das ist ihre Art zu zeigen, wie unvermeidlich es ist. Dass sie will, dass ich die eine Frage stelle. Dass ich sie frage, nur sie frage.

„Weißt du, wie ich meinen Namen erfahren kann?“

Sie zieht wieder eine Augenbraue hoch.

„Möchtest du mir helfen ...“

Sie lacht. „Ich dachte schon, Sie würden nie fragen.“

Leute, die Backgammon spielen. Und Mikado, mit großen, grellen Stäbchen.
„Das ist ein Ritual“, sagt Amelia.
„Ein Ritual, ja.“
„Nicht mehr, nicht weniger.“
„Um was genau zu feiern?“
Sie lacht.
„Es ist schön, weil es die Illusion von Zeit erzeugt. Davor, danach, Sie kennen das doch? Die Abwesenheit von Zeit ist offensichtlich unmenschlich und unerträglich. Das Fehlen von Tag und Nacht und Stunden und Wochen und Monaten. Backgammon und Mikado mildern das Problem.“
Sie lacht kurz. „Natürlich hat Backgammon an sich gar keine Bedeutung. Oder Mikado. Aber allein die Tatsache, dass wir uns dazu entschließen, zu spielen ...“
„Zu spielen?“
„Ja, zu spielen. Buchstäblich. Das Spiel beweist, dass man ein Ziel haben muss. Ich denke wirklich, jeder hier hat ein bestimmtes Ziel.“
„Ich weiß nicht, ob mir dieses Gespräch wirklich gefällt“, sage ich.
Sie schüttelt den Kopf. Und dann, liebenswürdig: „Was ist bloß mit Ihnen passiert?“
„Das sollst du mir erzählen.“
„Nein, ich soll mich darum kümmern, dass Sie Ihren Namen erfahren, das ist etwas ganz anderes.“
„Das ist das Gleiche.“

Sie schaut mich an. Lange.
„Ja“, sagt sie. „Sie könnten durchaus damit recht haben, aber vielleicht nicht so, wie Sie sich das denken.“
Sie kommt nahe heran.
„Würden Sie die Augen schließen?“
Ein Seufzen.
Ich schüttle den Kopf und schließe die Augen.

Das Geräusch eines Reißverschlusses.

Stille.

Ich spüre, wie sie vor mir steht.
Zwei Hände auf meinen Schultern. Federleicht.
„Darf ich die Augen wieder ...“
„Psst.“ Eine Hand auf meinem Mund. Die Hand wieder auf meiner Schulter. Stille.
Ich weiß nicht wieso, aber ich denke: Möchten Sie tanzen? Blind finden meine Hände die Hüfte, die sich mir entgegenschmiegt, und meine Füße bewegen sich schon auf sie zu. Ich spüre, wie die Hüfte und die anderen Füße das Gleiche tun. Plötzlich höre ich meinen Herzschlag. Ich spüre, wie zwei Hände von meinen Schultern auf meine Brust wandern. Und ganz selbstverständlich passen sich die andere Hüfte und die Füße meinen Bewegungen an, so natürlich schieben sich die beiden Arme unter meine und legen sich zwei Hände auf meinen Rücken und drücken mich vorsichtig gegen die beiden Brüste, drücken sich an mich. Ich weiß nicht einmal, ob das wirklich Tanzen ist, uns auf der Stelle zu wiegen, diese stillste aller Arten zu tanzen. Und dann spüre ich, wie die Hände die Knöpfe meines Hemdes

öffnen, spüre, wie der Körper sich von mir befreit, dass ich das nicht will, aber es geschieht nur, um alle Knöpfe zu öffnen, ohne Eile, um mein Hemd aufzufalten, nur um sich wenig später noch fester an mich pressen zu können. Gleichzeitig so sanft, dass es eine ganze Weile dauert, bis ich begreife, dass auch die Bluse offen ist, dass dieser Bauch und die Brüste, die sich gegen meinen Bauch und den Brustkorb drücken, auch nackt sind. Und warm. Und das Wiegen im Tanz wird zu einer Art des Atmens. Das Atmen zweier Körper, der eines Mannes und der einer Frau, ein ruhiges, selbstverständliches Atmen.
Bis ich spüre, wie etwas blockiert, wie sich etwas in Amelias Rücken verkrampft, gleichzeitig werde ich nach hinten gedrückt. Ich halte sie noch fest in den Armen, aber ich ...

... mein offenstehendes Hemd, zwei Hände, die hastig meinen Gürtel aufmachen und danach meine Hose ...

... das Armaturenbrett, entspannte Musik, meine Hand auf einem Hinterkopf, und der Hinterkopf bewegt sich genauso entspannt hin und her ...

... das Lenkrad, eine von Sonnenlicht überflutete Straße, vorbeirauschende Bäume, in der Ferne fährt ein Lastwagen ...

... eine Frau, die Haare vor ihrem Gesicht, der halb geöffnete Mund, hastig löst sie ihren Gurt, hastig öffnet sie ein paar Knöpfe, ihre Hand verschwindet, und wieder beugt sie sich zu dir herüber ...

… wie du etwas sagst, wie ihr beide lacht und sie schnell atmet, ihr Mund an deinem Ohr, sie bewegt sich immer schneller, keucht immer stärker, und du seufzt, nach hinten gelehnt seufzt du, und das Sonnenlicht fällt hart herein, Stoßwellen laufen durch ihre Beine und gleichzeitig richtest du dich auf, der Lastwagen kommt jetzt schnell näher, das Licht fällt in deine Augen, und sie ruft, sie ruft deinen Namen und …

Das Gesicht von Amelia. Ganz nah. Ihre Augen. Die gerunzelte Stirn.

„Alles in Ordnung?"

Sie trägt ihre Lederjacke.

Ich nicke langsam.

„Zum Glück", sagt sie. Aber sie schaut mich weiterhin besorgt an,

„Ich ..." Ich huste und räuspere mich. „Und bei dir?"

Sie sieht müde aus.

„Das war heftig. Ich denke, dass ich meinen Mann ..."

Sie blickt mich traurig an. „Nein. Ich weiß ganz sicher, dass dies das letzte Mal war, dass ich meinen Mann gesehen habe. Ich erinnere mich jetzt ..."

Sie reibt sich kurz über die Augen.

„Ich erinnere mich daran, wie ich mich auf dem Flughafen vom ihm verabschiedet habe. Wie wir tanzten. So ... Sein Hemd und meine Bluse geöffnet, ein Spaß, den wir uns manchmal ... Sachen, die Menschen machen, wenn sie verrückt nach einander sind."

Sie schaut von mir weg.

„Haut auf Haut, damit ich sein Herz spüre, solche Sachen ... Es war uns vollkommen egal, ob jemand das mitbekam oder nicht. Nur noch einmal tanzen. Ich weiß, dass ich in den Flieger stieg. Und wie er mir zulachte, die Hand auf dem Herzen. Und wie sein Hemd offen stand. Und dann drehten sich die Propeller des Flugzeuges. Er rief mir noch etwas zu, ich sah, wie sich sein Mund bewegte, aber natürlich konnte ich es nicht verstehen.

Und ich rief etwas zurück, das er nicht verstehen konnte. Er lachte, aber ich sah auch seine Augen ... Als hätte er es da schon gewusst ...“

Ihre Jacke ist bis unters Kinn geschlossen. Sie zieht den Kopf zwischen die Schultern, als wäre ihr kalt.
Dann schaut sie mich an und fragt: „Und du?“
Ich fange an, mein Hemd zuzuknöpfen.

Und dann sagt sie ein Wort, als würde sie es schon seit Jahren kennen.
Meinen Namen.
Ruhig.
Sie spricht meinen Namen aus.
Schaut mich fragend an.
Ich knöpfe mein Hemd ganz zu.
Ich spüre, wie ich erröte.
Ich zeige auf ihre Jacke, die Zipfel der Bluse schauen an den Armen heraus. Aber sie zuckt mit den Schultern und lächelt, ein ganz winziges Lächeln.
Als ich fertig bin, nimmt sie meinen Arm. Wir gehen los.
„Zumindest kennen wir jetzt deinen Namen.“
Sie sagt *Du*, denke ich, nicht mehr *Sie,* sondern *Du*.
Sie kneift mir in den Arm.
„Ja“, sage ich. „Zumindest kennen wir schon einmal meinen Namen.“
Ich spüre allerdings noch immer, wie mein Herz schlägt.
Hinter meinen Augen.
In der Kehle.
Im Brustkorb.

In meinen Fingerkuppen.
Zwischen den Beinen.

„Ich muss etwas unternehmen“, sage ich.
Ich setze mich auf eine Bank neben Marcel, der ein Stofftuch in den Händen hält. Er scheint bewegungslos, aber unaufhörlich reiben sein Zeige- und Mittelfinger über den weichen Stoff.
Als würden wir gemeinsam an einem Sommerabend auf das Meer schauen, die Wellen, das Licht auf den Wellen, die Möwen, die Sonne. Die milde Sonne, die einen goldenen Schleier über alles legt.
Ich lehne mich nach vorn und ziehe kurz an einer freien Ecke des Stoffs, aber sofort versteift sich Marcels Faust.
„Ich glaube, das gehört dir gar nicht, Marcel, das ist der Schal von Amelia.“
Sein Zeige- und Mittelfinger reiben unaufhörlich.
Ich stelle mich vor Marcel, beuge mich zu ihm hinunter, bis ich auf Augenhöhe bin und sage nur ein Wort.
Meinen Namen.
Und noch einmal.
Und noch einmal.
Er schaut geradewegs durch mich hindurch.

In einiger Entfernung sprechen Raoul und Amelia miteinander. Raoul macht einen Schritt zurück und schüttelt den Kopf. Mit Händen und Füßen versucht Amelia, etwas zu erklären. Aber er schüttelt immer noch den Kopf. Amelia gibt auf, schweigt und schaut von ihm weg. Raoul sagt etwas. Amelia schaut immer noch von ihm weg. Raoul sagt wieder etwas. Und dann flammt die Wut auf: Raoul stellt sich auf die Zehenspitzen und fuchtelt dicht vor Amelias Gesicht mit den Händen herum, plötzlich zeigt er in meine Richtung.
Dieses Bild: die Hand, die in der Luft hängt.
Der Finger, der auf mich zeigt.
Amelia folgt mit dem Blick der zeigenden Hand und schaut mir in die Augen. Und dann stellt sie sich rasch vor Raoul. Als würde sie nicht wollen, dass ich die auf mich gerichtete Hand sehe.
Ich weiß nicht, wie ich reagieren soll. von kommt in meine Richtung und winkt mir zu, grüßt mit einem breiten Lächeln.
Er hat seine Arme gerade erst um mich gelegt, als Marcel meinen Namen ruft. Wie ein Pfau ruft. Und noch einmal. Während er meinen Namen ruft, hält Marcel die Hand in die Luft. Raoul und Amelia schauen. Aber das ist nicht wirklich mein Name. So habe ich ihn zuletzt vor vielen Jahren gehört. Es ist der Kosename, den ich hatte, als ich noch ein Kind war.

„Ich vermute, er hält sich in einer anderen Zeit, an einem anderen Ort auf“, sage ich.
„Wie meinst du das?“, fragt von.
Ich deute mit meinem Kinn auf Marcel.

„Eine andere *Wahrheit*, meinst du?“, sagt von.
Als er mein erstauntes Gesicht sieht, fängt er an zu lachen. „Entschuldige, ich hatte vergessen, dass du hier noch neu bist.“ Er streicht seine Haare zurück. „Es gibt da eine Frau, die ich liebe“, sagt er. Er wartet, schüttelt den Kopf, presst seine Lippen aufeinander. Das hier hat er schon öfter erzählt.
„Sie ist verheiratet. Ihr Ehemann, ein mächtiger Mann, hält sich eine Geliebte. Seine Frau hat er in einer Burg eingeschlossen. Dort muss sie bleiben bis zu ihrem Tod. Ohne mit irgendwem sprechen zu dürfen. Das ist gesetzlich verboten. Auch ohne jemanden während ihrer Ausfahrten in einer geschlossenen Kutsche durch den Park sehen zu dürfen. Sie und ich, wir beide wissen, dass etwas außerhalb von Zeit und Raum existiert, wo wir einander begegnen können, allerdings nicht so, wie die meisten Menschen. Wir haben einander versprochen, uns nie wieder die Haare zu schneiden. So umarmen wir einander.“
Er dreht eine Locke um den Finger.
„Und wie ist es dort?“, frage ich, und gleichzeitig weiß ich, dass ich etwas Schlimmes hören werde.
„Du meinst in der wirklichen Welt?“ Er lacht kurz. „Dort stehe ich mit gefesselten Händen vor zwanzig Soldaten und jeder Soldat hält einen gespannten Bogen und in einer Sekunde werden sie die Pfeile auf mich abschießen.“
„Nur eine Sekunde?“
„Aber diese eine Sekunde ist unsere Sekunde. Die der Frau und meine. Jedes Mal, wenn ich durch meine Haare streiche, bricht ein winziges Teilchen Wahrheit von dieser Sekunde ab. Ich weiß zwar, dass unglaublich viele Wahrheitsteilchen in eine Sekunde passen, aber da ich fortwährend durch meine Haare streiche, geschieht es schneller, als ich erhofft hatte. Ein bisschen wie

eine riesige Kerze, die an beiden Enden brennt. Und trotzdem, was sie auch tun oder lassen, nie werden sie mich davon abhalten können, unsere Wahrheit zu erleben."

Marcel ist weitergegangen. Mit kleinen Schritten. Wie eine japanische Frau.

„Kommst du zurecht?“, fragt von Amelia.
Sie streicht eine Locke aus seinem Auge und nickt.
„Besser, ich lasse euch kurz alleine“, sagt von.
Amelia setzt sich neben mich auf die Bank.
„Er ist ziemlich böse?“, sage ich.
„Raoul? Nun ja.“ Sie lockert ihren Schal. „Aber vor allem hat er Angst, glaube ich.“
„Das hat etwas mit mir zu tun.“
„Das hat tatsächlich etwas mit dir zu tun.“
Sie sagt immer noch: Du.
„Weißt du“, sagt sie, und glättet mit der flachen Hand die Falten in ihrer Hose. „Raoul hat viel gesehen. Sehr viel. Er hat gesehen, welche Dinge Menschen einander antun können, und er hat sein Leben der Rettung der Menschen, denen solche Dinge angetan werden, gewidmet. Schlimme Dinge.“
„Habe ich jemals irgendwem etwas angetan?“
„Das hat er nicht gesagt, weil er es, ganz einfach, nicht wissen kann. Sogar du selbst weißt das vorläufig noch nicht.“
„Warum hat er dann auf mich gezeigt?“
„Er hat nicht gesagt, dass du ein schlechter Mensch bist.“
„Dankeschön, das ist ja immerhin etwas.“
„Aber nur weil du kein schlechter Mensch bist, heißt das nicht, dass du mir auch gut tust. Eins ist gewiss: Uns beide verbindet etwas. Das wusste ich im ersten Augenblick, als ich dich sah. Wie Raoul schon sofort wusste, dass etwas mit dir nicht in Ordnung ist. Aber was soll es, wir beide sind miteinander verbunden, sonst hätten wir nie …“

Sie blickt auf ihre Schuhe.
„Du meinst, was da eben passiert ist?“
Sie schaut mich an und fragt: „Sag mir, was ist da deiner Meinung nach eben passiert?“
Ich ziehe die Schultern hoch. „Wir haben …“
„Erinnerst du dich noch daran, was du dachtest, als ich dich mit zum Backgammon genommen habe? Diese Frage, die du mir gestellt hast, nicht wirklich, aber du hast sie gedacht, also ist es wirklich für mich. Das mit dem Tanzen, erinnerst du dich, als ich die Spielregeln erklärt habe? Da wusste ich es ganz sicher. Er ist es. Und ja, wir haben getanzt, aber …“
„Wir haben nur getanzt, Amelia.“
Jetzt hat sie sich mir vollständig zugewandt.
„Ist das tatsächlich so? Für mich war es zumindest mehr als nur ein Tanz. Ich habe mich dir … Wie sagt man das? Ich habe mich dir … ausgeliefert?“
„Ausgeliefert?“
„Ja. Zum ersten Mal seit ich hier bin. Ich wusste, es würde geschehen, und vielleicht hatte ich nach all der Zeit vergessen, wie intensiv, wie unglaublich intensiv es ist, sich jemandem ganz auszuliefern. Nur wenn du dich jemandem ganz auslieferst, nur wenn du dem anderen so vertraust, dass du verletzlich sein darfst, dass der andere dein intimstes, verletzlichstes Gesicht sehen darf, dann kannst du dir selbst, aber auch dem anderen dabei helfen … dabei helfen, ganz kurz, vielleicht nur wenige Sekunden, buchstäblich nur wenige Sekunden lang, ins echte Leben zurückzukehren. Gefahrlos für wenige Sekunden in deine Vergangenheit zurückzukehren und mit heiler Haut wiederzukommen. So dass man sich an etwas aus jenem Leben erinnern kann.“

Sie schweigt. Sie wartet, dass ich etwas sage.
„Wir sind also eben in das echte Leben zurückgekehrt?"
„Hm."
„Zu den echten Menschen, mit denen wir ..."
„Ja, irgendwo in der wirklichen Zeit – darum ist es so wichtig, mit wem du das machst, und dass der andere gut für dich ist. Sonst läufst du Gefahr, die Wahrheit nie zu erfahren."
„Du meinst: Wie es wirklich passiert ist im wirklichen Leben?"
„Ja."
Nach einer langen Pause frage ich: „Und warum ist das so wichtig?"
Sie zieht die Augen zu schmalen Spalten zusammen: „Weil man sonst der Wahrheit Gewalt antut, und genau deshalb sind wir hier, um die Wahrheit die Wahrheit sein zu lassen."
Ich schüttle den Kopf.
„Und was geschieht, wenn wir die Wahrheit nicht die Wahrheit sein lassen?"
„Dann geht etwas gründlich schief in der Welt, sagt Raoul."
„In der echten Welt oder hier?"
„In beiden. Raoul steht wirklich Todesängste aus. Das sei der Anfang vom Ende."
„Glaubst du, er hat recht?"
„Wenn ich dem Wort von jemandem vertraue, dann dem von Raoul."
Wir sind beide still. Ich versuche, zu sortieren, was sie mir erzählt hat, aber jedes Mal schiebt sich das Bild der Frau vor meine Gedanken, die Frau und was sie im Auto machte. Erstaunlicherweise fühle ich mich verlassen, jetzt wo ich weiß, dass in der wirklichen Welt jemand auf mich wartet.
Amelia sagt: „Was hältst du von Natalee und Ettore?"

„Es ist wichtiger, was du von ihnen hältst."

Sie lacht kurz. „In der wirklichen Welt treibt Natalee in der Karibik und Ettore ist gerade von einer Fähre gesprungen und sinkt auf den Grund des Tyrrhenischen Meeres."

„Und das sagst du so nebenbei."

„Niemand sonst beschäftigt sich hier öffentlich und so extrem mit der echten Welt wie sie. Man kann sie nicht voneinander trennen, sie halten unaufhörlich Séancen ab, in denen sie ihre ganze Vergangenheit rekonstruiert haben, bis auf ein paar kleine Details."

„Aber warum ..."

„Natalee macht das, um Ettore zu retten, obwohl sie besser sich selbst ... Na ja, du ahnst es wohl schon."

„Sie will sich nicht retten?"

„Aus welchem Grund auch immer möchte sie Ettore sowohl in dieser als auch in der echten Welt retten – ohne Kompromisse – und stellt das über ihr eigenes Schicksal."

„Aber er macht gar nicht den Eindruck, gerettet werden zu wollen."

„Genau darin liegt die Verschwendung und das verzweifelt Schöne dessen, was sie möchte. Ettore will sowohl aus dieser als auch aus der wirklichen Welt verschwinden. Ohne eine Spur zu hinterlassen. Und nichts und niemand wird ihn davon abhalten."

„Was denkst du, Amelia? Ist Natalee gut für Ettore oder nicht?"

Sie schaut mir geradewegs in die Augen. „Es liegt nicht daran, dass jemand dir nicht gut tut, oder gut tun wird, dass du mit dieser Person nicht weitermachen willst."

Sie blickt mir ununterbrochen in die Augen, bis ich die Augen niederschlagen werde. Sie weiß, dass ich das weiß. Und darum blickt sie mir in die Augen. Und ich schlage meine Augen nicht nieder.

„Erzähl mir mehr von Ettore“, sage ich.

Kurz zeigen sich bei ihr Lachfältchen.

„Man glaubt es wahrscheinlich nicht, aber Ettore ist einer der brillantesten Menschen, denen ich oder auch du wahrscheinlich jemals begegnet sind. Er ist phä-no-me-nal, genial, summa cum laude. Als er einunddreißig war, schrieb er einen Artikel über ein Teilchen, das sein eigenes Antimaterie-Teilchen sein kann, ein Jahr später wurde er ohne Examen zum Professor berufen, was so gut wie nie passiert. Er hielt derart komplexe Seminare ab, dass er noch exakt zwei Studenten hatte. Ein Jahr später sprang er von der Fähre.“

„Antimaterie-Teilchen?“

„Ja, wenn ich es richtig verstanden habe, geht es um ein Teilchen, das andere Teilchen vernichtet, nicht durch einen Vernichtungsakt, sondern durch seine bloße Existenz. Das ist doch pure Ironie, dass jemand so schlau ist, dass er die Definition seiner eigenen Tragödie entdeckt?“

„Warum ist er von dem Schiff gesprungen?“

„Weil er davon überzeugt war, dass das Ende begonnen hatte?“

„Das Ende.“

„Der Menschen.“

Sie seufzt.

„Und Natalee?“

„Natalee ist ein Schatz.“

Stille.

„Wie kannst du das über Ettore wissen?“

„Was denkst du denn, woher ich es weiß?“

„Hast du auch mit ihm getanzt?“

Sie verdreht ihre Augen. „Sag bloß, du hast es noch nicht begriffen? Im selben Moment, in dem du etwas aus deinem echten Leben erfährst, weiß das doch jeder!“

Eine kurze Stille.

Ihr Lachen klingt wie ein Weinglas, das auf dem Boden zersplittert.

„Dir kann man wirklich alles weismachen“, sagt sie. Sie steht auf, wickelt den Schal um ihr Handgelenk und geht weg.

Ich weiß nicht, ob ich ein guter Mensch bin. Ich weiß nicht, wer da draußen auf mich wartet. Ich weiß nicht, wie ich hierhergekommen bin, und auch nicht, wie ich von hier wegkomme.

Der Nebel hat sich größtenteils verzogen.

Ich sitze auf der Bank, und noch bevor ich richtig spüre, dass ich nicht allein bin, nähert sich hinter mir ein Säbelzahntiger, auf Samtpfoten, den Kopf knapp über dem Boden wiegend. Er hinkt schwer. Kaum ein paar Meter weiter sackt er zusammen. Keuchend schaut er um sich, aber bemerkt mich anscheinend nicht. Er kaut die Luft. Schmerz. Kurz versucht er aufzustehen, aber es gelingt nicht. Er legt den Kopf hin, schwer atmend. Seine verletzte Hinterpfote zittert heftig.
Da sind sie wieder, die blutroten Papageien, flügelschlagend landen sie. Kurz hebt der Säbelzahntiger noch einmal seinen Blick, ein tiefes Brummen, ein gereizter Ruck des Kopfes, die beiden Eckzähne, wie Krummsäbel, aber dann liegt er schon wieder ausgestreckt, die Hinterläufe überkreuzt, den Kopf auf dem Boden. Er atmet immer flacher. Und da kommt der Blaubock schon dichter heran, gefolgt von einem scheu umherblickenden Falklandfuchs, einigen Emus, Hasenkängurus, Kängururatten, zwei Elefantenvögeln, einem Haastadler und einem Dodo. Und wieder legen sie sich einer nach dem anderen, ohne dabei ein Geräusch zu machen, neben- und übereinander in einen Kreis um den Säbelzahntiger. Nein, sie legen sich nicht um ihn, sondern auf ihn, auf- und übereinander, quer über

den Säbelzahntiger. Wirklich einer nach dem anderen, ohne ein Geräusch zu machen, legen sie sich auf- und übereinander auf den Säbelzahntiger. Ein neues Fell aus Federn und Pelz, zunächst noch wild durcheinander, danach gemeinsam atmend, schließlich totenstill.

„Ich habe gesehen, wie du zugeschaut hast", sagt von und deutet mit dem Kinn auf den Haufen aus Federn und Fell.
„Welche ... Schönheit", sage ich.
„Und jetzt nimm einmal an, ich würde behaupten, dass die Tiere genau wussten, dass sie nur diese eine Chance haben. Der Säbelzahntiger hätte sich nach einem kurzen Schlaf auch wieder erholen können, und so weiter. Sie wussten, jetzt ist er schwach. Darum eilten sie herbei und ..."
„Und was?"
„Und kuschelten gemeinsam den Säbelzahntiger zu Tode."
Ich betrachte die Tiere.
„Ich denke, ich gehe mal ..." Ich bewege mich in die gleiche Richtung, in die Amelia verschwand.
„Ist das dann immer noch Schönheit, junger Freund?"
Ich winke ihm, ohne mich umzudrehen.
„Das ist eine Denkübung", ruft er mir hinterher. „Eine Denkübung."

Vor Amelia steht eine Frau – sie ist neu hier – in einem roten Kleid. Wenige Meter entfernt steht das Mädchen mit der zitronengelben Hose und dem grasgrünen Oberteil und beobachtet die neue Frau mit geöffnetem Mund. Ich bahne mir den Weg durch Kinder, die auf der Erde Backgammon spielen, kurz muss ich stehenbleiben wegen eines vorbeilaufenden Elefantenvogels – ein riesiges, behaartes Ei auf Beinen, mit einem langen Hals. Ich sehe Raoul erst, als ich die Frau mit dem roten Kleid erreicht habe und packe Amelia am Handgelenk. Mein Kopf

dicht an ihrem, als wollte ich ihr einen Kuss geben, flüstere ich:
„Ich will hier weg."
Nochmals.
„Ich. Will. Hier. Weg."
Raoul tut so, als würde nichts geschehen.
Ich versuche, so schnell wie möglich aus dem Gedränge zu kommen.
„Hey!", höre ich hinter mir rufen.
So schnell wie möglich aus dem Gedränge. Weg.
Und dann läuft Amelia an mir vorbei, tanzt vor meinen Füßen.
Noch bevor ich raus aus dem Gewühl bin, umarmt sie mich.
„Schließ die Augen", flüstert sie.
Sie legt mir den Schal um den Hals.
„Schließ die Augen." Und dann sagt sie meinen Namen. Und dann noch einmal.
Wange an Wange.
Sie zieht den Schal über unsere Köpfe.
Ich schließe die Augen.
Dichter kann man nicht zusammenstehen.
Ich kann ihren Herzschlag spüren.
Ich konzentriere mich auf diesen Herzschlag.
Und dann sitze ich plötzlich im Auto.
Ich sitze in einem Auto, am Steuer, und es läuft Musik.
Ich sitze am Steuer eines Autos, es läuft entspannte Musik und es ist bewölkt. Ich atme tief ein und aus. Kaum Verkehr. Mein Telefon klingelt. Ich drücke auf den Knopf.
„Alles in Ordnung?" Eine Frauenstimme.
„Ja", höre ich mich sagen. Das Ticken des Blinkers. Ich biege ab aufs Kopfsteinpflaster.
„Wie lang brauchst du noch?"

„Was meinst du?“ Ich nehme den Fuß vom Gaspedal und lasse den Wagen neben dem Gehsteig zum Stillstand kommen.
„Du fehlst mir.“
Ich klemme das Handy zwischen Schulter und Ohr.
„Was sagst du? Die Verbindung ist schlecht.“
Ich schalte den Motor aus.
„Ich denke an dich.“
Ich drücke die Fahrertür zu und gehe zu einem Haus. Schlüssel ins Schloss.
„Ich auch an dich.“
Vorsichtig öffne ich die Haustür und noch vorsichtiger schließe ich sie wieder.

„Mmmm. Ich würde so gerne …“
Ich laufe auf Zehenspitzen durch die Diele und sehe sie durch die Glastür, mit dem Rücken zu mir. Sie streckt sich und sagt etwas, aber ich habe das Handy auf den Boden gelegt.
„Hallo, hallo“, sagt sie und schaut auf das Display.
Sie steht im Gegenlicht. Sie tippt die Nummer noch einmal, während ich ganz leise auf sie zugehe.
Mein Handy klingelt, sie hört den Klingelton in der Diele, dreht sich erstaunt um und …
Ihre weit geöffneten Augen. Sie springt an mir hoch, klemmt die Beine um mich, legt die Arme um meinen Hals, schließt die Augen und küsst mich heftig.

Ich ziehe mir den Schal vom Kopf. Neben mir hält sich ein asiatischer Junge eine Hand vor den Mund und zeigt mit der anderen auf den Schal und meinen Kopf, krümmt sich dabei vor Lachen. Amelia steht vor mir. Und ich merke sofort, dass etwas nicht stimmt. Ungläubig schüttelt sie den Kopf.

„Was ..."

„Nicht jetzt", sagt sie. Sie geht weg, kommt zurück. „Ich weiß, was passiert ist." Sie rennt aus dem Gedränge. „Mit mir. Bevor ich hierhergekommen bin. *Verdammt!!*" Sie umklammert ihren Kopf. „Verdammt, verdammt nochmal!"

„Versuch ruhig zu bleiben, Amelia."

„Ruhig bleiben? Ich kreise in einem Flugzeug über einer Insel, alle Geräte sind kaputt, die Propeller bewegen sich nicht mehr, und nirgendwo gibt es eine Stelle, an der das Flugzeug sicher landen könnte. Oh Gott! Oh Gott!"

Und dann steht Raoul neben ihr, fasst sie bei den Schultern, hält sie ganz fest, während sie zunächst aufstampft, wild um sich schlägt und danach zusammensackt. Er hält sie aufrecht und reibt über ihren Rücken. Er hält seinen Kopf abgewandt, während sie sich abreagiert. Immer und immer wieder wiederholt er ihren Namen. Schließlich lässt sie sich schluchzend fortführen.

Müdigkeit.
Ich lege mich auf den Rücken, aber sobald ich die Augen geschlossen habe, schleift Metall über einen harten Untergrund. Erschrocken reiße ich die Augen auf. Augen zu. Schleifendes Metall. Ich bin so schrecklich müde, dass ich meine Augen nicht länger zusammenpressen kann, und ich werde selbst zum Metall, etwas frisst sich in mir fest, wie eine Eisensäge, die durch mich geht und ...

Nebelschleier fransen in Flusen aus. Wie Flaum schneien, in Zeitlupe, die einzelnen Flocken herab, dehnen sich langsam aus, ein Weiß, das immer intensiver wird, und sich zu neuen Nebelschleiern verwebt. Es ist so still wie auf dem Meer. Ganz in der Nähe geht ein Elefantenvogel in die Knie und legt den Kopf vorsichtig auf seinen Rücken, die Rauchschleier verfangen sich in seinen drahtigen Federn. Das Summen einer Fliege.

Schwindel. Sobald ich meinen Kopf zur Seite bewege, fängt alles an, sich zu drehen, und ich muss mich auf einen Punkt konzentrieren, damit mir nicht schlecht wird vom Durcheinander und ...

Im Nebelschleier bückt sich jemand, als würde er etwas suchen – verfließt und taucht wenig später wieder auf. Er steht jetzt kerzengerade. Bewegungslos. Ein Mann wie ein dunkles Loch im Nebel. Als würde der Nebel an ihm festkleben. Nein, als würde der Nebel, nur weil der Mann dort steht, *auskristallisieren*; aus

seinen Armen, den Beinen, dem Kopf wachsen wollige Fasern, Fäden, Gewebe, das sich verflicht.
Er bewegt den Arm, als würde er im Wasser rühren – eine Bewegung, die sich in die Wolke fortpflanzt, sich verbreiternd abebbt.
Er streckt die Arme am Körper entlang aus.
Er fängt an zu kreiseln.
Dieses Kreiseln ist so schön, dass ich mich aufrecht hinsetze, um es besser sehen zu können.
Durch das Kreiseln spannen sich die Fäden nacheinander auf, ziehen sich die Nebelschleier dichter zusammen und beginnen zu rotieren. Die ganze Wolke brodelt, wallt auf, und der Mann dreht sich weiter um die eigene Achse – er kreiselt so schnell, dass er stillzustehen scheint, das flirrende Stillstehen des bewegungslosen Dirigenten, der alles um sich herum in Aufruhr bringt. Wolken, die übereinander rollen, anschwellen, kommen auf mich zu, unaufhaltsam. Sie wälzen sich auf mich zu, als würde nur ein paar Meter von mir entfernt ein riesiges Gebäude zusammenstürzen, in einer Staubwolke, die aus genauso vielen Schichten besteht wie das Gebäude selbst, die jetzt alle über mir zusammenschlagen und ...
Es ist nicht die Schockwelle, die mich wieder auf den Boden wirft. Während die Wellen um mich herum tosen, höre ich Stimmen: Erinnerst du dich noch daran, als wir ...

Sag noch einmal, dass du mich ...

Meine schönste Erinnerung habe ich an das eine Mal, als wir ...

Hab ich dir schon gesagt, dass du ...

Wie glücklich war ich, als wir ...

Immer, wenn wir uns sehen, ist es ...

Erzähl noch einmal von ...

Eine Atempause, und dann kommt die nächste Welle:

Auf jeden Fall möchte ich noch sagen, dass du ...

Es gibt so viel, das ich dir noch ...

Der schönste Tag meines Lebens war ...

Du weißt, dass ich immer für dich da ...

Habe ich dir je gesagt, dass du ...

Ich werde nie vergessen, dass du ...

Ich würde so gerne noch einmal ....

Ich bin noch immer so glücklich, dass wir doch ...

Was auch geschehen wird, ich werde ...

Du bist die Einzige, der ich es sagen kann ...

Wo ist die Zeit geblieben, als wir ...

Ich danke dir, dass du ...

Lauter Stimmen. Die über mich schwappen. Bis sie zu einem hohen Summen werden, wie von Mücken, sogar noch zarter, und schließlich forttreiben.

Stille.

Die Wolken bewegen sich ineinander, wie Milch, die man vorsichtig in den Kaffee gießt, und langsam, ganz langsam bilden sie eine Schicht, die langsam, ganz langsam stockt. Eine Schicht, die sich auch in mir ausdehnt, vom Kopf bis in die Zehen. Dickes, reines Weiß.

„§(!§)é&à§?"

Der Mann beugt sich über mich. Ein Schnurrbart wie zwei Schwalbenflügel. Sein Mund bewegt sich: „§(!§)é&à§?"

Er geht neben mir in die Hocke. Schlägt mir mehrere Male leicht auf die Wange.

„&rk&nnst d& m&ch?"

Erkennst du mich. Fragezeichen.

Ich versuche seinen Namen auszusprechen, aber meine Zunge gehorcht mir nicht.

Er wartet, bis ich aufrecht sitze.

„Sandor", sagt er.

Er hält sein Ohr vor meinen Mund.

„Ann-der."

„Ssss. Sssss. Sssan-dor", sagt er. Übertrieben deutlich sagt er: „Ich bin ein Dich-ter. Herzlich Willkommen in meinem Buch."

Und zeigt dann mit einer Armbewegung auf den Nebel. Er stellt sich hinter mich, legt die Arme unter meine Achseln und zieht mich hoch.
„Geht das so?“

„Was spürst du?“
Ich lege meine Hand auf den Bauch.
„Tristesse“, sage ich nach einer Weile.
Er nickt mehrmals.
„Danke.“
„Wo ist dein Buch?“, frage ich.
Er breitet seine Arme aus. „Ich schreibe nicht länger mit Stift und Papier. So wie es auch Maler gibt, die nicht mit Farbe oder Holzkohle arbeiten.“
Er nestelt an den Spitzen seines Schnurrbarts, als wollte er ein Seil spinnen.
„Aber die Stimmen“, sage ich. „Du schreibst mit Stimmen.“ Ich setze mich gerade hin.
Er nickt bedächtig. „In gewisser Weise. Aber es sind Stimmen, die gar nicht da sind. Besser gesagt: Sie sagen Sätze, die unausgesprochen blieben, die die Menschen vergessen haben zu sagen, die sie sagen wollten, aber es blieb keine Zeit, oder etwas kam dazwischen, so wie immer irgendetwas dazwischen kommt. Unausgesprochene Gedanken. Verpasste Gelegenheiten. Das Buch der Dinge, die Wir-Nicht-Gesagt-Haben.“
Ich schüttle den Kopf.
„Nein?“, sagt er.
Nach langem Grübeln sage ich: „Ich denke nicht, dass sie sich von Sätzen unterscheiden, die sehr wohl gesagt worden sind.“

Sandor reibt sich mit beiden Händen über den Schnurrbart, wirft die Arme in die Luft und schreit: „Genau! Genau! Aber immer sagten wir es zur falschen Zeit, am falschen Ort. Das ist unsere Tragödie!"
Unsere Tragödie.
„Möchtest du es auch einmal versuchen?"
„Ich mache schon mein ganzes Leben nichts anderes", sage ich.
Er schüttelt sich vor Lachen, so dass seine beiden Schnurrbartflügel wie panische Schwalben davonfliegen.

„Was hast du für ein Problem?", fragt Sandor.
„Amelia."
„Also Raoul?"
Ich schüttle den Kopf: „Sie hat erfahren, was geschehen ist. Ihr Flugzeugunglück. Sie war außer sich."
„Das möchte ich gar nicht so genau wissen", sagt Sandor. „Ich möchte mir gar nicht vorstellen können, was mit ihr passiert ist."
Nach langer Pause sagt er: „Ich hätte alles getan, nur um sie zu retten." Ein Wölkchen dringt aus seinem Mund.
„Was hast du gesagt?"
Er zeigt auf das Wölkchen.
„Das ist alles, was ich für Amelia tun kann", sagt er.
Nach wenigen Schritten dreht er sich um und sagt: „Ich möchte dich einer Kollegin von mir vorstellen. Ihre Arbeiten sind etwas ganz Besonderes, wirklich ganz Besonderes."
Er deutet auf den Rücken einer Frau in einem weißen Kleid, die, niedergekauert wie ein Vogel, mit geschlossenen Augen, ihre Hände vor sich hält, als würde sie sich an einem unsichtbaren Feuer wärmen.

„Darf ich mich zu dir setzen?“, frage ich.

Ein Gesicht, weiß wie Porzellan, mit langen Wimpern und einem roten Streifen als Mund.

„Bitte?“

Die Vorderseite ihres Kleides ist rot.

Sie wärmt sich keineswegs die Hände an einem unsichtbaren Feuer. Sie fängt in ihren Handflächen unsichtbares Wasser auf, und wenn sie genug gesammelt hat, lässt sie es, indem sie die Hände nur wenige Millimeter weit verschiebt, auf das unsichtbare Feuer hinabtropfen, Tropfen für Tropfen.

„Ich habe gerade Sandor getroffen, und er hat mich zu dir geschickt.“

Man kann das Lächeln kaum sehen, aber das ganze Gesicht verändert sich dadurch, als würde wieder Blut durch die Adern fließen.

„Ich möchte Ihnen etwas vorlesen“, sagt sie, und es klingt wie ein Seufzen.

„Über die Liebe.“ Abermals ein Seufzen.

Stille.

„Das Buch besteht aus einem Haar, dreizehn Briefen, darunter zwei, die niemals geschrieben wurden, und einem, dessen Buchstaben noch verborgen sind.“

Sie dreht die Handfläche zu sich, wie ein aufgeschlagenes Buch, holt tief Luft, und ich höre, wie sie eine Seite umblättert.

„Der erste Brief ist nicht wirklich ein Brief, eher ein Notizzettel“, sagt sie. „Ich komme am Abend nach Hause, rufe seinen Namen und schleppe eine Einkaufstasche in die Küche. Auf dem Küchentisch liegt der Zettel. Ich stelle die Tasche auf den Boden und lese ihn (Liebes / Ein überraschender Anruf / Ich halte dich auf dem Laufenden / X) und drehe ihn um. Auf der Rückseite steht: Kokosmilch, Rosinen (dunkle), Müllbeutel, Sekt. In meiner Handschrift. Ich packe die Einkaufstasche aus, lege alles in den Kühlschrank (auch die Müllsäcke, das hätte ich als Vorzeichen erkennen müssen) und setze mich auf die Couch. Nichts Besonderes, mein Mann muss oft überraschend für mehrere Tage verreisen, er arbeitet als freiberuflicher Fotograf. Ich verlasse die Couch wieder, nehme den Notizzettel und stelle ihn vor das Fenster. Ich streife die Schuhe ab, entledige mich des Kleides, indem ich es über den Kopf ziehe, und gehe ins Badezimmer. Ich lasse die Dusche laufen, entscheide mich für die Cellosuiten von Bach, ziehe den Slip aus und stelle mich unter das Wasser.“

Sie hält die Augen geschlossen. Sie atmet tief aus – die nächste Seite blättert auf.

„Der zweite Brief ist in einem weißen Umschlag, den der Briefträger mir am Morgen überreicht – wegen der alten Briefmarke muss ich nachbezahlen. Noch im Aufzug reiße ich den Umschlag auf, ich habe die Handschrift erkannt. Auf dem Bogen steht ganz oben ein großes S in einem braunen Lorbeerkranz, Sheraton – Brussels Airport Hotel. Über die Breite steht: Ich halte dich. Am ‚halte dich' hängt ein in zwei Hälften zerschnittener Satz, wie die Hälften eines Reißverschlusses, der entweder nach oben oder nach unten läuft. Wer dem oberen Schlenker folgt, liest: Ich halte dich in meinen Armen. Dem unteren: Ich halte dich auf dem Laufenden. Weil der Kugelschreiber nicht richtig funktioniert hat, wurde der erste Buchstabe bei Ich mehrere Male übereinander gekritzelt. Ich lege den Brief und den Umschlag auf den Küchentisch. Ich ziehe den viel zu großen Pullover aus – seinen Pullover – und lege mich, nachdem ich ein Glas eiskaltes Wasser aus dem Hahn getrunken habe, nackt aufs Bett. Ich habe einen freien Tag."

Sie wartet kurz und atmet tief ein. Und wieder aus.

„Der dritte Brief ... Der dritte Brief, ebenfalls vom Flughafen aus verschickt, scheint auf den ersten Blick leer. Bis ich den Umschlag genauer betrachte. Ein Haar liegt darin. Ein langes Kopfhaar. Mit Tesa klebe ich das Haar am Umschlag fest und lege ihn zu den anderen auf den Küchentisch. Ich gieße mir ein Glas Sekt ein, nehme einen Schluck, kippe das Glas und auch die Flasche aus. Um den Ausguss herum zeigen sich keine Bläschen. Ich lege mich aufs Sofa, unter eine Decke, schalte den Fernseher an, aber ohne Ton."

Sie hält den Kopf schräg. Wartet.

„Das Verrückte ist, dass ich auf dem Sofa einschlafe und träume, ich bekäme einen Brief, in dem er mir schreibt, wie ich auf dem Sofa schlafe, wie ich aussehe, detailliert, von den Haarspitzen bis zur Fußsohle. Als ich dann später die Decke falte und weglege, sehe ich ein Haar, das an ihr hängt. Von ihm. Der dritte Brief ist also ein geträumter Brief, eingefasst von zwei Kopfhaaren. Eines von ihm und eines von mir."

Sie beißt sich auf die Unterlippe und befeuchtet sie mit der Zungenspitze. Sie nickt, um sich selbst Mut zuzusprechen, und sagt:

„Am nächsten Tag trafen drei Bögen mit Landschaftsbeschreibungen ein, alle hintereinander weg geschrieben, wie in einem Rausch. Pflanzen und Blumen, Gelbholzbäume, Hottentottenfeigen, orangefarbenes Mittagsgold, Gräser, Baobab, Akazien und Proteas, Halbmenschbäume, Stinkholzbäume, Orchideen und Lilien sowie Gelbkopfmännchen ... Er und ich in dieser Landschaft. Zusammen liegen wir auf einem Bett aus Blumen, der Abend senkt sich – Sekunde für Sekunde hat er so beschrieben – und meine Haut glüht noch nach von der Sonne, es wird kühler, noch bleibe ich dort liegen, sogar als das Gras feucht wird und die Sterne am Himmel glitzern. Dieser besondere Sternenhimmel, der so dunkel ist, dass die Sterne sich scheinbar vom Schwarz befreien möchten und sich uns ganz langsam nähern. Und während ich diese Sätze lese, liege ich wieder unter dem Sternenhimmel, rieche abermals die Blumen und Pflanzen, und wieder flüstert er in mein Ohr: ob ich den Rest meines Lebens mit ihm ...“

Ihr Hals, an dem man ihren Herzschlag sieht. Sie reibt mit dem Zeigefinger über ihren Daumen.

„Ich lese den Brief immer und immer wieder. Ich gehe in die Küche und ordne die vorherigen Briefe in einer Reihe an. Ich trinke ein Glas Wasser. Ich betrachte mein Spiegelbild im Fenster. In dieser Nacht stehe ich auf und lese den Brief noch einmal. ‚Er vermisst mich', sage ich und schaue auf die Frau im Fenster. Sie nickt mir zu. Ich falte meine Hände wie eine Brille um die Augen und presse mein Gesicht gegen die Scheibe. Keine Sterne, in einem Land wie dem unseren gibt es keine Sterne. Als ich am nächsten Morgen erwache, kann ich mich nicht an meine Träume erinnern, so tief habe ich geschlafen."

„Der fünfte Brief wurde so gefaltet, dass sich je zwei Wörter am Mittelpunkt ausrichten, dort wo sich die waagerechte und die senkrechte Linie kreuzen. Um ihn lesen zu können, muss ich den Brief jedes Mal drehen. Gegen den Uhrzeigersinn. Dort steht:

W
ü
r
d
e
s
t

d
u

die Briefe X Küchenfenster lesen

v
o
r

d
e
m

Sonst nichts. Enttäuscht lese ich am Abend ein Buch, rufe eine Freundin an, die den Hörer nicht abnimmt, trinke eineinhalb Gläser Weißwein und schreibe eine SMS auf meinem Handy.

M
a
c
h
e

i
c
h

nur wenn X dabei beobachtest

d
u

m
i
c
h

Danach lösche ich die SMS. Am nächsten Tag trifft kein Brief ein, und am übernächsten lasse ich den Brief bis in den Abend unangerührt auf dem Küchentisch liegen. Es ist ein milder Abend, ich habe in einem Restaurant in der Nachbarschaft unter freiem Himmel gegessen, bei einem Glas Sekt in meinem Buch gelesen, wie ich das früher gemacht habe, als ich alleine war.

Danach habe ich ein Bad genommen. Mit einem Handtuch um meine Haare und in ein anderes eingewickelt, schneide ich den Umschlag auf.“

Die Frau kniet – die Füße neben dem Körper –, danach hockt sie sich auf ihre Fersen. Ihre Hände ruhen auf den Oberschenkeln, sie bewegt den Kopf von links nach rechts und nach vorn und hinten. Dann hält sie die Hände wieder aufgeschlagen wie ein Buch, atmet ein und sagt:

„Ich stehe also in der Küche mit einem Handtuch um meine Haare, ein zweites habe ich um mich gewickelt, unter meinen Achseln. In der Küche brennt Licht, draußen ist es dunkel. Ich öffne den Brief. Ich lese, wie Silber sich mit der Luft der Nacht vermischt, und wie er mich, silbrig, durch das Küchenfenster sieht, und wie zunächst das Violett des Morgens, dann das Gelb durch das Fenster fallen, und ich mit zur Seite geneigtem Kopf, die Hände in der Hüfte, bewegungslos durch das Fenster blicke ...“

Ihre monotone Stimme. Der Oberkörper bewegt sich rhythmisch nach vorn und hinten.

„... und wie das fahle Morgenlicht sich über mich legt, über Nasenrücken, Schultern, mit seidenweichen Schatten, wird das Licht noch fahler, die Lippen noch roter, und es dauert so lange, bis ich meine Hand zu meinem Kopf geführt habe und das Handtuch abnehme, wodurch die Haare über meinen Hals, meine Schultern fallen, und sich mein Kopf in Zeitlupe aufrichtet, in Richtung der Sonne, die jetzt üppig durch das

Fenster scheint – stundenlang weiterscheint, denn so lange dauert es, bis sich mein Daumen unter den Rand des Handtuchs schiebt, und bevor das Handtuch von meinem Brustbein gleitet, bis zu meinen Brüsten, zum Nabel, zur Hüfte, bis ich das Handtuch neben mich halte, mit herunterhängendem Arm, das Licht zerbrechliches Orange, das immer tiefer wird, golden, bis das Gold mir von Kinn und Haaren herunterläuft, zwischen meinen Brüsten entlang, über meinen Bauch, es sich an meinen Beinen verteilt, zwischen meinen Beinen, und ich, den Kopf im Nacken, die Augen geschlossen, als hörte ich einer Stimme zu, die Millimeter für Millimeter eine Frau beschreibt, die nackt vor einem Fenster ihren Kopf in den Nacken legt, gegen die Abendsonne, kurz im kupfernen Abendlicht aufleuchtet, bis schließlich ein Schatten nicht etwa auf mich fällt, sondern aus meinen Haaren dringt, über die Stirn, die Wangen, das Kinn, die Schultern, zwischen meinen Brüsten entlang, über meinen Bauch bis zu meinen Beinen, wo er sich aufspaltet ... als würde ich es einatmen und dann durch meine Poren wieder ausatmen, ein Dunkel, das sich im Fenster verspinnt, einen hauchdünnen Vorhang bildet, und ich, im letzten Licht den Arm mit dem Handtuch, ganz langsam gleitet das Handtuch an meinen Beinen entlang, über meinen Bauch, die Brüste ... und die Hände gleiten über den Rand des Handtuchs hinter meinen Rücken, schieben das Ende des Handtuchs unter den Rand des Handtuchs, ziehen es fest, kaum sichtbar, versunken in dieselben Gedanken wie die Frau, die ihre Haare hochbindet. Vielleicht benötigt sie die ganze Nacht, um die Haare hochzubinden, damit sie, wenn das erste Silber sich mit der Luft vermischt ...“

Mit dem Finger legt sie eine Locke hinter ihr Ohr – die sofort wieder hervorrutscht. Sie wartet, bis sie wieder ruhig atmen kann. Wie im Gebet hält sie die Hände gefaltet.

„Den siebten Brief lese ich am Küchenfenster, das eine Handtuch um die Haare, das andere unter die Achseln gewickelt. Ich lese, wie er die Wanne, von flackernden Kerzen erleuchtet, mit Wasser und Öl füllt, inmitten von Schalen voller Obst. Wie er mich betrachtet, als ich im Wasser liege, und danach ein Handtuch um mich schlägt und dann das Handtuch wieder wegnimmt ..."

Sie schluckt, ihr Rücken im Hohlkreuz. Sie atmet tiefer, hebt den Kopf an, nur ein paar Zentimeter neigt er sich nach hinten, wodurch sich ihr Hals anspannt und die Augenlider sich einen Millimeter, nicht mehr als einen Millimeter, weit öffnen und ein schmaler Streifen Weiß in ihren Augen zum Vorschein kommt.

„... als ich mich auf dem Bauch ins Bett lege und er – Öl tropft von seinen Fingern auf meinen Rücken – jeden Muskel, jeden Millimeter der Haut, von Kopf bis zu den Zehen, prickeln lässt, zuerst mit seinen Fingern, dann mit dem Mund, schließlich mit der Zunge ..."

Ich schließe die Augen.
So kann ich noch deutlicher hören, wie das Seufzen in der Wirbelsäule aufsteigt.
Ich öffne die Augen.
Sie zieht den Glühdraht mit beiden Händen aus ihren Halswirbeln.

„Der achte Brief ist derjenige, der nie angekommen ist. Der Brief der Abwesenheit. Der Brief, nach dem ich mich jeden Tag, jede Sekunde mehr sehnte. Der Brief der Briefe, von dem jeder Liebende träumt."
Sie richtet sich auf und zeigt hinter sich: „Der Brief, den Sandor manchmal aus seinen Nebelschleiern greift, mir aber niemals vorliest.
Im neunten Brief stand, dass er, mein Geliebter, krank sei, und dass ich keinen Kontakt mit ihm aufnehmen könne. Die Handschrift war ungelenk und der Brief wurde offensichtlich hastig verschlossen. Statt seines Namens hat er nur seine Initialen benutzt."

Sie senkt den Kopf.

„Im zehnten Brief zählte er alles auf, was er schön an mir fand. Alles, was er an mir bewunderte. Der letzte Satz bestand aus zwei Wörtern, die er unterstrichen hatte: Deinen Mut. Der Brief war mit verschiedenen Tinten geschrieben worden, ein Zeichen, dass er lange an ihm gearbeitet hatte. Die letzten Sätze waren unleserlich. Nach Erhalt des Briefes wurde ich in der Nacht von einer unbekannten Nummer aus angerufen. Stille am anderen Ende. Ich flüsterte seinen Namen. Schrie seinen Namen und warf das Telefon von mir weg. Hob es wieder auf. Legte es neben mein Kissen auf das Bett. Nach der fünften Nacht hörte es auf. In dieser Nacht saß ich am Küchentisch und bemerkte erst dann, dass alle Briefe in derselben Stadt aufgegeben worden waren. Wie habe ich bloß so dumm sein können, zu ..."

Ihr gesenkter Kopf. Eine Träne fällt aus ihren Wimpern.

„Es war dieselbe Stadt, in der ich wohnte. Ich wurde wahnsinnig, rief Polizei und Krankenhäuser an, zeigte in allen Krankenhäusern sein Foto, aber niemand konnte mir helfen."

Sie wischt sich die Nase ab. Atmet tief ein und aus.

„Der elfte Brief kam von einem Notar. Er überreichte mir den zwölften Brief. Darin schrieb mein Geliebter: Meine liebste Liebste, wie haben wir einander doch geliebt. Punkt. In jeder Sekunde dachte ich an dich. Schönste, allerliebste Liebe, lebe! Liebe! Ausrufezeichen."

Und dann wendet sie mir ihr Gesicht zu. Zum ersten Mal schlägt sie die Augen vor mir auf. Die Frau im roten Kleid. Diese dunkle Iris. Diese Augen blicken mich an.

„Ich habe das Zimmer des Notars fast zertrümmert. Der Notar berichtete, dass mein Mann unheilbar krank gewesen sei, und dass mein Mann den Gedanken, dass ich sein Siechtum ertragen müsste, unerträglich fand. Dass er ein Haus gemietet habe, um zu sterben.
‚Die Adresse', sagte ich.
Der Notar berichtete unbeeindruckt weiter, mein Mann habe den Plan gehabt, mir jeden Tag einen Brief zu schicken, um meinen Schmerz hinauszuzögern. Er habe mit dem Notar alles

ordentlich geregelt, so dass ich mich immer an ihn als den Mann erinnern würde, den ich kannte. Ich hob seine teure chinesische Vase von der Fensterbank.
‚Die. Adresse', sagte ich und fing an, von zehn auf null herunterzuzählen."
Sie hält die Hände vor sich, als würde sie eine Vase halten.
Und dann lässt sie die Hände sinken.
„Der Körper war bereits eingeäschert worden. Der Gedanke, dass ich ihn nie mehr ..."
Sie schüttelt den Kopf.
„Diese Nacht verbrachte ich in jener Wohnung. Auf seiner Matratze, in seinen Betttüchern, mit seinem Geruch. Ich konnte kein Auge zutun. Nur ein Stuhl stand dort. Am Fenster. Wo die Vorhänge zusammentrafen, stand ein Fotoapparat auf einem Stativ. Morgens setzte ich mich auf den Stuhl und schaute durch die Linse, durch den Spalt zwischen den Vorhängen. Um selbst zu sehen, was mein Mann in seinen letzten Augenblicken gesehen hat. Mein Küchenfenster. Neben dem Stuhl lagen ein Umschlag, ein Kugelschreiber und ein unbeschriebenes Blatt. Das war der dreizehnte Brief, der Brief, der nicht geschrieben werden konnte, der Brief, für den er keine Kraft mehr hatte, und der gerade deswegen noch mehr zum endgültigen Brief wurde. Ich habe mein Haus verkauft, zog das Kleid an, das er kurz vor seinem Aufbruch für mich gekauft hatte, und buchte ein Flugticket zu jenem Ort, von dem er mir so oft erzählt, und den er im fünften Brief beschrieben hatte – im Nachhinein ist es unglaublich, dass ich das nicht gemerkt habe, wir sprachen so oft darüber. Das Paradies. Unser Paradies.
In meinem Koffer lagen nur seine Briefe und der Fotoapparat. Nachdem das Flugzeug aufgestiegen war, betrachtete ich die

Fotos, die er gemacht hatte. Jedes einzelne durch den Spalt im Vorhang. Alles Fotos von mir."

Stille.

„Ich hatte den Plan, nach meiner Ankunft nur noch Fotos von der Landschaft, die er im fünften Brief beschrieben hat, zu machen. Und für jedes Foto, das ich schoss, würde ich eines von ihm verschwinden lassen. Bis nur noch Fotografien von unserer Landschaft übrigbleiben würden. Vielleicht in der Hoffnung, dass mich das trösten würde. Aber dann lief es schief mit dem Flugzeug ... und ..."
Ihre Stimme bricht.
„... und es stürzte ab und fing Feuer. Auch der Koffer mit den Briefen ... Und nur hier kann ich ihn am Leben halten ..."
Sie tippt auf ihren Kopf.
„... indem ich jedem seine Briefe erzähle."

Ich traue mich nicht zu fragen. „Gehen Sie wieder zurück?"
Sie sitzt schon wieder in der Hocke, eine Frau in einem Kleid, vorn rot, hinten weiß, die Hände über imaginären Flammen gefaltet, als würde sie erwarten, dass sich die Worte des allerletzten Briefes in der Glut zeigten.

Sandor legt den Arm um mich und kneift mich in die Schulter.
„Sag schon, das ist etwas Besonderes."
„Ich möchte nach Hause", sage ich. Und erschrecke mich selbst darüber. Als hätte ich diese vier Wörter zum ersten Mal aus meinem eigenen Mund gehört.
„Du hast Besuch", antwortet er und dreht mich herum.
„Amelia möchte mit dir sprechen", sagt Raoul. Er hat die gleichen Augen wie die Frau mit dem rot-weißen Kleid.

Amelia liegt im Nebel, den einen Arm auf einem Laken, das sie mit der anderen Hand auf Brusthöhe festhält. Bleiche Lippen, durchsichtig. Als ich vor ihr stehe, öffnet sie die Augen und hebt den Arm an.
„Geht es dir gut?", frage ich.
Sie lächelt: „Ich möchte mich verabschieden."
Ich ergreife ihre Hand. „Gehst du zurück?"
Sie schüttelt den Kopf: „Aber du, wie ich gehört habe."
„Nun ..."
„Ich freue mich für dich." Ihre Hand ist kalt. „Ich bin noch nicht so weit, aber Raoul hilft mir, jeden Tag ein wenig stärker zu werden. Jetzt weiß ich ..."
Sie schnappt nach Luft. „Ich weiß jetzt wenigstens, was passieren wird."
Ich lege auch die andere Hand auf ihre.
„Darf ich es dir erzählen?"
Noch bevor ich antworten kann, fährt sie fort: „Als das Flugzeug die Wellen berührt, spüre ich erst gar nichts – wahrscheinlich

durch den Aufschlag –, aber dann steigt der Druck in meinen Ohren, kurz darauf kommt die Kälte des Wassers, und das Erste, was ich sehe, sind violette Farben, und Schnee. Als würde man durch einen nächtlichen Schneesturm fahren. Ich schwimme nach oben. Unter mir liegt die Lockheed, unter einer dicken Schicht Unterwasserschnee. Und Korallen. Trümmerschnee. Die rechte Tragfläche wurde abgetrennt. Ich weiß nicht mehr, wie ich es tatsächlich bis nach oben geschafft habe, aber als ich mit den Fischen an einem mit Anemonen bewachsenen Korallenriff vorbeischwimme – all diese Farben –, denke ich: Wie unglaublich, wirklich unglaublich schön ist das gemacht, wirklich."

In diesem Moment glänzen ihre Augen, befindet sie sich wieder mitten im Riff, und im nächsten Augenblick versagt fast ihre Stimme: „Ich habe solche Angst, solche Angst." Sie drückt meine Hand.

„Aber du hast das Unglück doch überlebt!", sage ich.

Sie schließt die Augen. Scheint fast einzuschlafen. Und dann plötzlich: „Weißt du, die echte Zeit da draußen, die kannst du nicht manipulieren – stell dir mal vor, dass wir das wirklich könnten! –, aber du kannst der Wahrheit ins Gesicht blicken, das ist ein großer Schritt."

„Was ich immer noch nicht verstehe ...", sage ich.

„... ist, wie die Wahrheit hier drinnen und die Wahrheit da draußen sich zueinander verhalten", sagt sie.

„Woher weißt du ..."

„Ich auch nicht", sagt sie. „Aber was ich sehr wohl weiß, ist, dass die Wahrheit sowohl dehnbarer als auch kleiner als die Zeit ist. Oder besser gesagt: Eine Wahrheit, die sich etwa wie ein Jahrhundert anfühlt, passt problemlos in den Bruchteil einer Sekunde."

Sie zieht ihre Hand unter meiner hervor und schnippt mit den Fingern.
„Das ist nicht ohne Ironie, wenn man überlegt, dass das Unglück durch einen versteckten Zeitfehler ausgelöst wurde. Wir haben uns an der Oberseite des Mittelpunkts der wahren Sonne orientiert, statt am künstlichen Horizont im Mittelpunkt der wahren Sonne. Dadurch haben wir das Schiff verpasst, das uns bei der Navigation helfen sollte, und wir sind vollkommen vom Kurs abgekommen."
„Wir?"
„Der Navigator und ich."
Ich möchte etwas sagen, aber sie legt ihre Hand auf meinen Arm. Wir schweigen. Sie schließt wieder die Augen. Ganz behutsam lege ich ihren Arm nach einer Weile auf das Laken. Aber sie winkt mich dichter heran.
Ich beuge mich hinunter. Ganz still.
„Würdest du noch etwas für mich tun?", flüstert sie. Ich nicke und spüre ihre Haare an meiner Wange.
„Würdest du bitte das Laken wegnehmen?"
Ich ziehe das Tuch nach unten, aber lege es sofort wieder zurück.
„Bin ich die erste Frau, die du nackt siehst?", flüstert sie.
„Nein, aber ..."
„Ich möchte, dass du mich siehst. Meinen Mann gibt es nicht mehr. Ich möchte, dass jemand, dass du zum letzten Mal meinen Körper siehst."
Sie schiebt das Laken zur Seite, erst mit den Händen und dann mit den Füßen.
Ihre Brüste.
Die Rippen.
Die hervorstechenden Hüftknochen.

Das Schamhaar.
Eine Narbe auf ihrem Knie.
Aber vor allem die Zeichnungen. Von ihrem Handgelenk, über den Arm, die Schulter, zwischen den Brüsten, auf dem Bauch, bis zum anderen Oberarm. Zeichnungen. Ungeschickte, mit schlechter Tinte und unsicherer Hand gemachte Zeichnungen.
Sie liegt da und hält die Augen geschlossen, den Kopf abgewandt. „Was siehst du? Erzähl mir, was du siehst."
Was soll ich denn in Gottesnamen antworten?
„Ich hatte nur eine Nadel und Garn, ein Tintenglas, einen Stift und Lippenbalsam dabei", sagt sie. „Die Utensilien einer Frau, beziehungsweise von jemandem, der für alles Listen erstellt. Aber auf der Insel gab es kein Papier. Also beschloss ich, selbst Papier zu werden."
Ich sage: „Ich sehe einen Kompass, gestrichelte Linien, kleine Berge, einen Fluss, Bäume, Wolken."
„Hilf mir", sagt sie und packt meinen Arm.
„Das ist die Insel Sandy", flüstert sie. „Wir sind auf der Insel Sandy."
Sie hustet. Sie legt meine Hand auf ihren Bauch, auf einen Baum.
„Du setzt mit dem Flugzeug zur Landung an, möchtest dem Baum ausweichen, aber sobald du zu ihm hinüberschaust, wirst du ihn jedes Mal erwischen, egal ob es ihn wirklich gibt oder nicht."

Sie ist erschöpft. Ich versuche, das Tuch wieder über sie zu legen, aber sie hält meine Hand fest.
„Hast du das von Ettore gehört?"
„Was ist mit Ettore?"
„Er ist zurückgegangen."

„Und Natalee?“

Und wieder verstummt sie.

Sie versucht, den Kopf anzuheben und über die Schulter zu schauen.

„Glauben Sie, dass es gut für mich ausgeht?“

Stille.

So weiß. So viel Weiß überall.

„Ich weiß nicht, was ich antworten soll“, sage ich.

„Das wusste ich“, sagt sie. „Ich danke Ihnen.“

„Wofür ...“

„Dass Sie ehrlich zu mir sind.“

Sie.

Und dann sehe ich, dass sie alles verkehrt herum tätowiert hat. Die Zeichnungen stehen auf dem Kopf. So dass nur sie und sie allein die Einzelheiten erkennt, wenn sie Bauch und Arme betrachtet. Die Karte der Insel. Damit sie nicht vom Weg abkommt. Ich breite das Laken wieder über sie.

Wenig später stößt sie es erneut weg, sucht meine Arme, schreit: „Halt mich fest, Richard, halt mich bitte fest. Richard!“ Raoul kommt herbei, kniet sich zu ihr, legt das Tuch über sie und nimmt sie in die Arme.

Ich gehe hinaus.

Nur noch Nebel.

Ich kann kaum atmen.

Als würde jemand gegen mein Brustbein treten.

Während jemand mit einem Stock in meine Kniebeuge schlägt und ich zusammenbreche, erinnere ich mich ...

... weißer Rauch, dann überall Weiß, ich werde hin und her geschleudert und links von mir schleift Metall über den Asphalt, und eine Sekunde schleift das Dach über den Asphalt, und es läuft Musik, und es ist noch immer alles weiß, und ich denke: Jetzt kommt der Aufprall, und ich denke: Das ist zu früh, wirklich zu früh, und ich kann in die Fasern des Airbags schauen, wirklich, tief *in* die weißen Kunstfasern hinein (alles weiße, glänzende ineinander verschränkte V), und ich nehme sie zwischen die Finger, während ich auf dem Dach über den Asphalt rutsche und denke: Wie unglaublich gut ist das doch gemacht, richtig gut. So weiß.

Aus dem Weiß taucht ein Mann auf – zwischen Gelbholzbäumen, die in milchige Nebel gehüllt sind, dicken Zucker-Lilien, Marzipan-Orchideen, Wachs-Proteas ... Schweißwolken in den Farben des Regenbogens hängen schlabbrig um seinen Oberkörper wie ein dicker Pelz.
Fortgezogen von unsichtbaren Hunden, denen er jeden Tag, den er unterwegs war, mehr ähnelte. Extrem vornübergebeugt, als würde er einen Schlitten hinter sich herziehen.
Erst als er aus dem Wald herausgekommen ist, erkennst du, dass es etwas Gewaltiges sein muss: ein großer Magnet, mit dem er alles Eisen aus der Erde gezogen hat?

Er ist auf die Knie gefallen, rafft sich aber wieder auf, beugt sich nach vorn, macht sich bereit.
Gerassel.
Sein ratternder Atem.

Es ist kein großer Magnet, sondern ein Netz, aus dem Rippen und Unterkiefer herausragen, Wirbel, Schulterblätter und Knochen, die bei jedem Schritt klappern, wie Bambusstäbe im Wind.

Auf seinem Rücken trägt er einen grell-orangen Rucksack.

Bei jedem Schritt bewegt sich das Netz mit einem Ruck vorwärts.

Ich bin nicht allein, bin nicht der Einzige, der sieht, wie der Mann vorübergeht. Wenige Meter von mir entfernt steht ein Mädchen, das Asche auf ihr grasgrünes Oberteil und auf die Kniepartie ihrer zitronengelben Hose verteilt. Danach legt sie die Hand auf den Brustkorb, und als sie die Hand wegnimmt, schwelt der Stoff. Dann auf ihr Gesicht, sofort werfen sich Blasen auf. Ihre Hose. Bei jedem Atemzug leuchten die orange-roten Brandflecken auf und werden größer. Sie legt sich auf die Seite und streckt die Arme flehend in Richtung des vorbeigehenden Mannes.

Der Mann mit den Hunden ist auf die Knie gefallen. Er nimmt einige Knochen aus dem Netz und rammt sie mit einem Gelenkkopf in die Erde. Nimmt jedes Mal neue Knochen aus dem Netz, legt Kopf auf Pfanne, benutzt Taue als Sehnen, Knochen auf Knochen, baut Beine, verbindet diese mit dem Hüftknochen.

„Junge."
Diese Stimme.
Und dann höre ich meinen Namen, nicht meinen gewöhnlichen Namen, sondern den Kosenamen aus meiner Kindheit. Eine Hand auf meinem Arm, ein Kopf an meiner Schulter. Dieser Geruch. Ich erinnere mich an Dutzende Stoffballen in einem Zimmer mit einem Tisch aus gräulichem Holz, das Geräusch einer Nähmaschine, einer Schere, an blaue Schneiderkreide, an zischende Bügeleisen und Stärke. Zwei Reihen mit herabhängenden Anzügen, durch die ich als Kind mit ausgestreckten Armen lief, tief einatmend, mit geschlossenen Augen.
„Junge."
Und er wuschelt durch meine Haare, bis sie ganz durcheinander sind. Und er streut mir Glassplitter in die Haare. Er tippt meinen Mund an und legt mir einige Splitter auf die Zunge.
„Vorsicht", flüstert er, und ich öffne meine Augen wieder.

Der kniende Mann lässt, Wirbel für Wirbel, ein Rückgrat aus der Hüfte emporwachsen. Macht die Rippen daran fest und bindet sie mit einem Seil zusammen. Dann geht es immer schneller, er findet jetzt auf Anhieb, was er sucht: Schlüsselbeine, Schultergelenke, Oberarme und Unterarme.

„Alles wird gut, Junge." Marcel steht jetzt vor mir und zieht an dem Flaum auf meinem linken Ärmel, bis sich einzelne Fäden lösen und ein Loch entsteht, sofort spüre ich meinen brennenden Ellenbogen.

Der Mann rückt mit ganzer Kraft das Skelett so zurecht, dass es einen sitzenden Menschen darstellt. Danach nimmt er verschiedene Schädel aus dem Netz; probiert, welcher am besten passt.

Marcel zieht meinen Kopf nach unten. Blutstropfen fallen auf die Erde, und er bewegt meinen Arm, bis einige Tropen auf dem Ärmel landen.
„Ja", sagt er. „Genau so."
Und er reibt den Stoff auf meinem Knie. Läuft murmelnd und nickend um mich herum. Das Auge des Schneiders. Zieht den Stoff zusammen, bis die Falten und Knicke da sitzen, wo sie hingehören.
„Schau mich an."
Er legt einige Scherben auf seine Fingerkuppe.
„Hab keine Angst."
Er drückt die Scherben mit der Fingerkuppe auf meinen Augapfel.

Über dem sitzenden Skelett hat der Mann einen schwarzen Schirm aufgestellt. Nun reiht er vor dem sitzenden Mann feine, längliche Knochen auf.

Marcel stellt sich hinter mich, legt mir die Hand auf den Rücken, auf die linke Schulter.
„Jetzt nicht erschrecken."
Ein kurzer Ruck und ich spüre den Schmerz. Danach legt er mir eine Hand in den Nacken. Ein kurzer Ruck an meinem Kopf. Schmerz.
„Geht es?"

Der Mann ist nicht mehr zu stoppen. Aus schlanken Rippen baut er langfingrige Pflanzenblätter, danach läuft er zu dem Mädchen, reißt Streifen aus ihrer zitronengelben Hose und dem grasgrünen Oberteil, wirft die schwelenden Streifen auf einen Haufen, hockt sich davor und bläst, nährt die Flammen mit Knochensplittern, bis sie aufflackern, wirft immer größere Stücke und Splitter hinein, bis diese ganz versengt sind, tritt das Feuer aus und wirft die schwarzen Reste über den sitzenden Mann, reibt Ruß über die Knochen, die Beine, den Brustkorb, den Schädel. Nur die Zähne lässt er weiß.

„Ja", sagt Marcel und läuft summend um mich herum. „Schön, sehr schön. Jetzt bist du so weit, Junge." Ein stolzes Lächeln von Ohr zu Ohr.

Der Mann steht vor dem sitzenden Skelett und zieht den Unterkiefer nach unten. Der Schrei. Eines verkohlten Mannes vor einer ganzen Batterie aus Mikrofonen.

Die restlichen Knochen wirft er auf zwei Haufen. Vor jeden Haufen legt er einen Schädel. Wischt die Hände an der Hose ab, nimmt den orangen Rucksack vom Boden und nickt. Stellt sich neben die beiden Haufen. Hält die Hände von sich gestreckt, als würde er zwei Leinen halten, und die zwei Haufen werden zu Hunden. Einer schwarz, einer weiß.
Und dann steht Raoul plötzlich neben den Hunden. Betrachtet den Mann. Betrachtet ihn weiterhin, während er sich zu dem schwarzen Hund kniet. Legt ihm die Hand auf den Kopf, so dass der Hund in die Knie geht. Mit Raouls Hilfe legt der Hund sich hin. Noch immer schauen der Mann und Raoul sich an. Raoul legt den Schädel neben den Körper des schwarzen Hundes.

Marcel steckt die Autoschlüssel in meine rechte Hosentasche. Ein Feuerzeug in meine Jackentasche. Zigaretten. Eine Sonnenbrille – nachdem er die Gläser über den Boden gescheuert hat, so dass sie voller Kratzer sind.

Raoul legt die Hand auf die Schulter des Mannes. Umarmt den Mann. Klammert sich fest. Legt den Kopf auf seine Schulter. Raoul ist nun so klein, dass er in den orangen Rucksack passen würde. Aber der Mann bewegt sich nicht, allenfalls rückt er seinen Kopf ein paar Zentimeter zur Seite, das Ohr näher an den Mund von Raoul, der unaufhörlich auf ihn einspricht, der ihm Mut zuspricht.
„Mazel tov für dein neues Leben."
Der Mann nickt. Entschlossen. Raoul legt seine Hand auf den Kopf des Mannes und stellt sich auf die Zehenspitzen, um ihm einen langen Kuss auf die Wange zu geben. Macht einen Schritt nach hinten, die Hand noch immer auf dem Kopf des Mannes.

Schreibt mit dem Zeigefinger den neuen Namen des Mannes auf dessen Stirn, auf den Mund, auf die Brust:
אחי.

Und lässt dann los.
„Kleiner Bruder von mir. Akchieeee.“ Klagend: „Akchieeee.“
Raoul schlägt sich die Hände vor den Mund, um sich selbst davon abzuhalten, noch einmal zu seinem Bruder hinüberzugehen, ihn ein allerletztes Mal zu berühren, bevor dieser für immer …“

Der Mann macht sich bereit.
So wie wir.
Der Mann mit dem Hund, das Mädchen mit dem grasgrünen Oberteil und der zitronengelben Hose voller schwelender Flecken. Und ich.
Marcel zieht meinen Kopf nach unten, küsst mich zuerst auf die Stirn und zeichnet dann mit seinem Daumen ein Kreuz darauf.
„Godseentjenenbewoardje.“*
Und in dieser Sekunde, in der alles weiß ist, in dieser Sekunde beginnt das Mädchen mit der zitronengelben Hose und dem grasgrünen Oberteil zu singen. So schön, denke ich, so unglaublich schön.

INTERLUDIUM 3

Fliegender Greifvogel,
Abbildung 765,
Animal Locomotion,
Eadweard Muybridge

Etwas fällt vom Himmel.
Ein Stein.
Aber dann breitet er die Flügel aus, schwebt mit gestrecktem Hals, gleitet flach über den Boden.
Hält genau auf dich zu.
Knapp einen Meter von dir entfernt steigt er wieder auf, den Oberkörper zurückgebogen, schlägt mit den Flügeln.
Die Klauen ausgestreckt, kräftig mit den Flügeln schlagend, steht er still vor deinem Gesicht. Schaut dich an. Schlägt so schnell mit den Flügeln, dass er zu einer Wolke wird.

VI

Zuhause

Eine weiße Wolke.
Die Wolke besteht aus hauchdünnen Nebelfahnen, die knattern, flattern, sich ineinander verschlingen, wieder auseinander wehen, Dutzende Fahnen, als käme der Wind aus allen Richtungen. Weshalb die Wolke sich permanent, in allen Abstufungen von Weiß bis Silber, von innen nach außen umkehrt.
Am Rand zerfasernd, verdampfend.
Und zieht sich wieder zusammen, saugt sich selbst wieder *nach innen*.
Und stülpt sich wieder aus.
Dieses große,
weiße,
seufzende
Pulsieren.

Unter der Wolke ziehen Unterströmungen dunkelgrüne, ultramarine, türkise und milchweiße Furchen in die Wasseroberfläche, die aufbraust, wo die Unterströmungen aufeinandertreffen, Schaum, der zu einem Baumwollbüschel ausflust.

Eine sich immer schneller um ihre Achse drehende Schaumkugel ...

... stürzt plötzlich zusammen ...

... reißt ein unergründlich tiefes Loch ins Wasser ...

... ein Abflussloch ...

... von dem aus sich eine glasige Nabelschnur, ein Wasserrüssel, sich immer um die eigene Achse drehend in die Tiefe schraubt.

Was kommt aus dem Loch heraus? Kompakte Stille. Kompakter geht es nicht.

Jemand taucht aus der Stille auf, aus diesem Loch, das zu groß ist, um herauszukriechen, und zu klein, um aufrecht aus ihm zu steigen. Er betrachtet seine Hand, auf der hellrote Blutstropfen zerplatzen. Einzelne Tropfen fallen – plopp, plopp, plopp, plopp – auf seinen Ärmel und saugen sich sofort in den Baumwollstoff.

„Mensch, dass du noch lebst."

Er betrachtet den sprechenden Mund, aber es gelingt ihm nicht, das Gesicht zu sehen, nur die Lippen, den Glanz der Zunge, die Zähne.

„Du hast dich dreimal überschlagen, dreimal."

„Ich?"

Ich.
Der Mann, der aus dem Loch kam und sich auf die E 40 stellte.

Der Mann, der noch immer aus dem Loch auf mich zukommt und sich so dicht neben mich stellt, dass er mit mir eins wird, während ich auf der E 40 stehe, ganz in der Nähe von Wetteren, neben einem auf dem Dach liegenden Auto.

Ein Mann, der aus einem Auto steigt, ruckelnd, wie ein Einzelbild aus einer Fotoreihe von Muybridge.

Und nochmals komme ich aus dem Auto auf mich zu und stelle mich so dicht neben mich, dass ich mit mir eins werde. Und das passiert und passiert, jedes Mal aufs Neue, während jemand mich an der Schulter hält und jedes Mal mit der gleichen Verwunderung sagt: „Mensch, dass du noch lebst."
Jedes Mal denke ich: ich? Und stürze wieder mit einem Schlag in das schwarze Loch wie in einen mit Teer gefüllten Trog. Und komme wieder heraus und ...

Es war nicht wirklich ein Schlag, mehr ein blockierter Mechanismus.

Nein, ein Mechanismus, der sich festfraß und aufgrund seiner eigenen Kraft immer extremer anspannte, bis er sich bebend verkrümmte. Ich war Teil dieses Mechanismus, aber im gleichen Moment schwebte ich neben ihm.

Nachdem der Wagen zum Stillstand gekommen war, ähnelte sein Innenraum einer unordentlichen Abstellkammer mit dunkel gestrichenen Wänden; das Dach (das sich später nicht als das Dach erwies, sondern als die Sitze und der Bodenbelag des Wagens) sah aus wie ein Aufzugsschacht mit nackten Heizungsrohren. Aber jetzt, da ich auf der E 40 stehe und das Auto auf seinem Dach liegen sehe, seine schwarze Unterseite, wirkt es nur noch wie ein umgekipptes Auto.
Je länger ich es betrachte, desto schwerer wird der Wagen, so schwer, dass er nicht mehr auf seinen Rädern stehen kann und sich hinlegt, erst keuchend auf die Seite, und danach sacht auf seinen Rückenpanzer. Kurz zittert er. Und dann atmet er nicht länger.
Das rechte Rad ist verbogen. Darunter ist eine Öllache. Überall gesplittertes Glas und Bruchstücke von allerlei Zeugs.

Als wäre mein Körper ein Kostüm, kein richtiges Kostüm, vielmehr ein ausgehöhlter Riese, in dem ich mich niedergelassen hätte und dessen große Arme, Beine und Kopf ich ungelenk auf und ab bewegen würde.

Ich lasse den Riesen sagen: „Alles ist in Ordnung." Wie bei einer Mikrofonprobe. Zu jedem, aber niemandem speziell: „Alles ist in Ordnung."
Tief versteckt in diesem Riesen rufe ich meine Freundin an: „Mach dir keine Sorgen, mit mir ist alles in Ordnung, allerdings ...", während jemand neben mir sagt: „Sie müssen sich auf den Boden legen, jetzt müssen Sie sich wirklich auf den Boden legen."

Ich setze den Riesen auf die Leitplanke. Es ist unangenehm, auf dem scharfen Rand zu sitzen.

Ich bewege den Kopf – knirschend – nach links: ein Stau, so weit ich schauen kann.

Ich bewege den Kopf – knirschend – nach rechts: ein Mann, klein, in einem ausgeblichenen, fleckigen T-Shirt, nähert sich. Er hält die Hand vor die Brust, schüttelt den Kopf und sagt auf Französisch: „Das ist nicht mein Rad."
Sesienèpamaru.
Der Riese denkt: Blödmann.
Der Fahrer zeigt auf das Lkw-Rad neben meinem Wagen, legt seine Hand wieder vor die Brust, schüttelt auch den Kopf wieder und sagt auf Französisch: „Ich habe gesehen, wie das Auto sich plötzlich merkwürdig verhalten hat." Er zeigt auf mein Auto. Er schaut mich nicht an.
Jemand sagt in brüchigem Französisch zu dem Mann: „Das ist schon dein Rad."
Sesie-è-ä-dejataru.

Ich bewege den Kopf nach oben.
Eine Wolke hängt am Himmel. Die Wolke besteht aus hauchdünnen Nebelfahnen, die knattern, flattern, sich ineinander verschlingen, wieder auseinander wehen, Dutzende Fahnen, als käme der Wind aus allen Richtungen.

Die ersten Autos fahren langsam auf der dritten Spur vorbei. Das Geräusch von Autoreifen auf Trümmerteilen: als führen sie über Walnüsse.

Eine Frau mit einem Mikrofon kommt hinter der Leitplanke hervor, im Schlepptau einen Mann mit einer Kamera. Die Frau hält dem Riesen lächelnd das Mikrofon hin, atmet tief durch und stellt eine erste Frage.

Der Riese denkt nochmals: Blödmann.
Wirklich totenstill hängt die Wolke am Himmel.

Ich lasse den Riesen seine Arme überkreuzen.
Der Riese ist müde.
Der Riese schließt die Augen.

Zwei Polizisten sind da.
Sie raten dem Riesen davon ab, auf Händen und Knien in das Auto zu kriechen, um einen Rucksack mit einem Laptop zu holen.
„Wir kümmern uns um alles."
Der Riese holt den Rucksack mit dem Laptop aus dem Auto.

Stöhnend legt sich der Riese auf eine Trage und wird in den Krankenwagen geschoben.

Schmerzen unter dem linken Schulterblatt und im Nacken. Pfeiftöne im linken Ohr. Eine Stimme erzählt etwas von internen Versetzungen, bis es endlich bei mir klingelt: „Innere Verletzungen".

Ich schaue an die Decke des Krankenwagens. Als würde ich in einem Bett schnell durch einen Gang im Krankenhaus geschoben, nur bewegt sich die Decke mit der gleichen Geschwindigkeit. Und ich schaue die ganze Zeit in eine weiße, flimmernde Glühbirne.

In den Kurven muss ich mich am eisernen Skelett des Riesen festhalten.

Die Innenseite des Krankenwagens sieht auch wie eine Abstellkammer aus, allerdings wie eine, die ordentlich aufgeräumt wurde.

Der Sanitäter sagt, dass ich nicht ins Krankenhaus nach Aalst gebracht würde, sondern in die Uniklinik nach Gent, wegen einer Bombendrohung.

Die Sirene des Wagens schweigt.

Ich werde ausgeladen.

Ich liege allein in einem Wartezimmer, das einer Garage ähnelt.

Und eine weiße Glühbirne.
In meinem Kopf.

Summend.

Mir ist so kalt, dass ich die Kälte nicht länger spüre.

Ein weißer Arm liegt auf meiner Brust.

Ein Finger zittert unbezähmbar.

Ich konzentriere mich auf den Finger. Als wäre der nicht von mir.

In einem Interview über das Gemälde *Paint* erzählt der irische Maler Francis Bacon, dass er erst einen Schimpansen im hohen Gras habe darstellen wollen, aber auf die eine oder andere Weise hätten ihn die Linien zu einem Raubvogel geführt, der auf ein Feld herabsinkt. Bacon nannte den Raubvogel: *a bird alighting on a field. To alight* bedeutet landen oder herabsinken, aber auch: aus einem Fahrzeug herauskommen und zu guter Letzt: auflodern, aufleuchten.

Am 23. April 2013, gegen halb eins, wurde ich auf der E 40 in der Nähe von Wetteren zu einem *man, alighting on a road.*

Bacon sagt im selben Interview: „It came to me as an accident." *Accident* meint sowohl *ein unglückliches Ereignis, das Verwundungen, Schäden oder Verlust zur Folge hat*, als auch *ein Ereignis, das schlecht endet*, bedeutet aber ebenso *Zufall*. „Plötzlich", sagt Bacon, „suggerierte die Linie, die ich gezeichnet hatte, etwas ganz anderes und aus dieser Suggestion heraus kam dieses Bild. Ich hatte nicht die Intention, dieses Bild zu machen, es wäre mir so nie eingefallen. Es war, als ob der eine Zufall/Unfall sich unaufhörlich auf den anderen stapeln würde." Schließlich verwandelte sich der Schimpanse in einen Raubvogel und der Raubvogel in einen Mann mit einem Regenschirm als Kopfbedeckung, unter einem aufgerissenen, hängenden Kadaver, der vor einem fleischfarbenen Hintergrund hängt. Als hätte Bacon während des Malens ein Bild aufgefangen und hingemalt, während ein anderes Bild bereits durch die Leinwand

schimmerte und abermals wieder ein neues Bild sozusagen seine Knopfleiste schloss, die Rockschöße glattstrich und auf der Bildfläche erschien.
Ein Accident.
Eingefroren in einer von Fleisch vibrierenden Form.

Im gleichen Jahr (1946) malte Bacon *Study for a man with microphones*. Vor einem Vorhang, unter einem aufgeklappten, schwarzen Regenschirm, sitzt ein Mann im schwarzen Anzug, versteinert in einer typisch baconschen Schreihaltung, vor einer Batterie aus Mikrofonen, von Pflanzen umsäumt.

Im Schrei findet der ikonische Mund jener blutenden Frau auf den Treppen von Odessa aus Einsteins *Panzerkreuzer Potemkin* sein Echo; dieser Bass-erstaunte-Mund, dieser Zwanzigstes-Jahrhundert-Trashmund von Mao-Hitler-Stalin-Vietnam-Hiroshima, der In-den-Nacken-gelegte-Kopf des Pavians, Gorillas, Schimpansen. Das Loch darin. Der flüssige Kopf, den Bacon zwanzig Jahre lang immer wieder auf den Hals von Päpsten setzte, entlehnt vom spanischen Hofmaler Velázquez.
Der Pavian hockt sich wohl bei jedem einmal auf die Schulter. Der Kopf, den jeder kennt, weil er sich irgendwann wie ein zweiter Schädel unter deine Kopfhaut schieben, sich in deinen Nacken zurücklegen und dann ansetzen wird zu einem langen, langen, geräuschlosen Schrei.

Study for a man with microphones mit jenem rußgeschwärzten Gesicht, den Echos der Hiroshima-Opfer und dem Vor-Echo des verkohlten irakischen Panzersoldaten auf dem kuweitischen Highway of Death, bildete die zweite Schicht des Palimpsests, für eine vollkommen andere Arbeit, *Gorilla with microphones*, in der ein hockender, von der Rückseite betrachteter Gorilla den Platz des Mannes eingenommen hat, und aus dem verschwundenen Mann ein asymmetrischer, glasig geometrischer Körper gewachsen zu sein scheint. Aus seinen Knochen. Eine Drahtstruktur wie die weißen Rippen eines Käfigs.

DIE TREFFSICHERHEIT DES ZUFALLS

Die Felsen waren in tausend Stücke zerbrochen, die sich gegenseitig an Ort und Stelle hielten – wie Mauern ohne Verfugung. Sie wurden langsam zu Staub; ununterbrochen rieselten rote Sandrinnsale nach unten, und so war jeder Felsen von einer Schutthalde umgeben. In den Felswänden konnte man Schichten in allen möglichen Variationen von Ocker bis hin zu Terrakottarot sehen, wie rituelle Malereien. Hier und da versprengt in der Sandfläche hielten sich ungeschlachte Felsstümpfe mit viel zu großen Köpfen auf nur einem dürren Bein aufrecht, seit Jahrhunderten bereits abgetrennt von ihrem Mutterfelsen, stets dünner werdend, sandgestrahlt von den Wüstenstürmen. Wir fuhren in einem weißen, verbeulten Jeep durch das Wadi Rum*. Meine Freundin stieg aus und rannte einen glutheißen Sandhügel hinauf. Als ihre Fußsohlen zu verbrennen drohten, sprang sie auf ein Snowboard, glitt vornübergebeugt mit ausgestreckten Armen den roten Hügel wieder hinunter, ein Hügel so breit wie vier Fahrstreifen. Und doch fuhr sie geradewegs auf das einzige, armselige Bäumchen zu. Wie jener eine Wassertropfen, der von der Decke fällt, geradewegs auf die Flamme jener einen Kerze, die am Rand des Tisches in einem Saal steht.

Derselbe Wassertropfen fiel durch die Windschutzscheibe meines Autos um 12.20 Uhr am 23. April 2013.

Ich liege allein in einem Wartezimmer, das einer Garage ähnelt, bevor ich in einen mit weißen Gardinen abgetrennten Käfig geschoben werde. Eine Krankenschwester zieht mich aus und stopft meine Kleidung in einen Plastiksack. Sie reinigt und desinfiziert die Verletzungen an meinem Hinterkopf, auf meinen Händen und am Ellenbogen.
Ein Praktikant schmiert mir kaltes Gel auf den Oberkörper und schiebt danach die Ultraschallsonde über meine Brust und meinen Bauch, auf der Suche nach Rissen im weichen Gewebe, undichten Gefäßen, Blutansammlungen.
„Was ist das hier?“, fragt der eine Praktikant den anderen und zeigt auf den Bildschirm. Besorgte Blicke. Lange Stille.
Ein Arzt wird hinzugerufen. Er sagt lakonisch: „Das ist eine Rippe.“
Ich bekomme eine Klammer in meinen Hinterkopf.
Ich habe einen großen Bluterguss auf der Innenseite des rechten Knies. Mein linkes Auge tränt.
Der Arzt sagt: „Sie haben das überlebt, weil Sie mit einem Volvo unterwegs waren. Und weil Sie nicht schneller als 120 km/h gefahren sind.“

Und dann.
Endlich.
Meine Freundin wird in den Käfig gelassen.
Sie ist bleich.
Sie stellt sich zu mir. Ihre Fingerspitzen auf meiner Schulter.
Sie schließt die Augen und nickt, atmet tief ein und aus.

Sie öffnet die Augen und küsst mich vorsichtig.
Unendlich vorsichtig küsst sie mich.

Nach der Alkoholkontrolle befragen mich zwei Polizisten zum Unfall. Danach werde ich von zwei Krankenschwestern – passen Sie auf Ihren Rücken auf, denke ich, ich wiege viel zu viel, um so eben mal ... *Eins, zwei, drei, hopp*, singen sie, heben mich an den Ecken des grünen Lakens hoch und legen mich mit Schwung unter ein Röntgengerät.
Nach einer Injektion, durch die mein Blutkreislauf bis in die kleinste Haarwurzel aufglüht und mir ein heißer Atem unter die Haut fährt, von den Zehen bis zum Kopf, schiebt sich ein Scan-Ring über mich. Wenig später schaut eine Frau durch zwei Vergrößerungslupen, ob sich in meinem linken Auge noch Glassplitter befinden. Ihr Atem riecht nach Vanille. Ihre Iris ist hinter den Vergrößerungslupen braun und unglaublich groß.

Die Fingerspitzen meiner Freundin auf meiner Schulter, auf meiner Wange, auf meinem Mund. Als müsste sie sich vergewissern, dass ich keine Erinnerung bin.

Bacon akzeptierte drei Arten von Gemälden: *completed, abandoned* und *destroyed. Abandoned*, verlassen. Zurückgelassen. Ihrem Schicksal überlassen, in Stücke gerissen, vom hölzernen Rahmen gezerrt und auf den Boden des Ateliers* geschmissen. Das bestürzende Atelier von Bacon. Das Durcheinander. Das Epizentrum eines Erdbebens, ein Tsunami und eine Atomexplosion. Das Massengrab. Die *Crime scene*.

Die Ausgrabungsstätte in Reece Mews 7, South Kensington, London, ein kleines Apartment hinter einer verrußten Fassade mit einer schmalen Tür, erreichte man über eine kleine Treppe, die so steil war, dass ein kräftiges Schiffstau an der Wand hing, an dem man sich hochziehen konnte. Es gab eine Küche mit Badewanne und ein Wohnzimmer mit Bett und einem riesigen Spiegel. Im Atelier (8x4 Meter) fanden die Ausgrabungen statt. In weiße Anzüge gehüllte Archäologen kartographierten jeden Gegenstand, bevor sie ihn von der zusammengepappten Masse pfriemelten. 570 Bücher und Kataloge, Hunderte zerschnittene Bücher, mehr als 1300 aus Büchern, Magazinen und Zeitungen gerissene Seiten, stapelweise Briefe, Magazine, LPS, reines Pigment, Tausende Pinsel, Farbstückchen, Dosen, Champagnerflaschen, Spraydosen, Kontaktabzüge, Farbrollen, Kleidungsstücke, Papierfetzen, zerschnittene Gemälde, Fotoserien von Eadweard Muybridge. Acht Wochen waren allein nötig, um die Gegenstände vom Tisch unter dem runden Spiegel zu klauben. Die vollgekleckste Wände benutzte Bacon als Versuchsfläche für seine Farben. Das ganze Atelier, sowohl die Wände, die Decke, der Boden als auch der Hausrat zog um nach Dublin, in den Geburtsort Bacons, und wurde dort rekonstruiert. Man fand 100 Gemälde. Manche wurden als Palette benutzt. Bei anderen wurde primär der Kopf herausgeschnitten. Eines dieser *abandoned*, entstellten Gemälde war *Gorilla with microphones*.

Study for a man with microphones bildete die Grundlage für die zweite Schicht, *Gorilla with microphones*, in der ein hockender, von der Rückseite betrachteter Gorilla den Platz des Mannes eingenommen hat und über den verschwundenen Mann ein asymmetrischer, glasig geometrischer Körper gewachsen zu sein scheint. Aus dem Gemälde wurden zwei Streifen herausgeschnitten: einer auf der Höhe der Schultern und einer unten. Dies ist das einzige *abandoned* Gemälde, von dem sich die ausgeschnittenen Streifen im Atelier wiederfanden. Allerdings sind die Streifen nicht vollständig: Sie wurden wiederum zerteilt.

An den Rändern der zerschnittenen Streifen ist das Leinen ausgefranst, das bedeutet, dass dieses Gemälde schon eine ganze Weile fertig war, bevor Bacon es so zugerichtet hat. (Bacon, der das Gemälde über Monate ignoriert und dann ohne jede Warnung mit einem Messer ausholt.)

Das Adrenalin ist eindeutig verbraucht, Euphorie und Lachanfälle sind Bestürzung gewichen. Die ich nicht zulasse. Die ich versuche nicht zuzulassen. Vor allem nachdem ich meine Eltern gesehen und meine Kinder gehört habe und meine Freundin nach Hause gegangen ist. Fotos des Autowracks überlassen nichts der Phantasie. Oder gerade doch. Sie zeigen, was hätte passieren können. Aber es ist nicht passiert, denke ich. Aber es hätte passieren können, denke ich. Aber es ist nicht passiert! Nein, um Haaresbreite ist es nicht passiert. Das zerdrückte Wrack als Möglichkeit meiner selbst, zu Mus, zu Brei ...
Ich versuche, so flach wie möglich zu atmen, da es mir dabei hilft, so oberflächlich wie möglich zu denken. In meinem Arm steckt eine Infusion mit Schmerzmitteln. Meine Bauchmuskeln fühlen sich durchschnitten an, ich muss mich mit den Füßen und dem Hinterkopf hochdrücken, um mich dann an einem Handgriff hochziehen zu können, aber ich kann den Arm nicht höher anheben als die Schulter.

Meine Freundin hat Schokolade gebracht. Ich konzentriere mich auf das Schmelzen der Schokolade auf der Zunge.

Was mich in den ersten Stunden am meisten begeisterte, war nicht die Tatsache, dass ich den Unfall überlebt hatte, oder dass die körperlichen Verletzungen erstaunlich gering waren, sondern die Erinnerung an die sich aufspaltenden Wirklichkeiten. Nicht das potenziell Religiöse einer solchen Erfahrung, vielmehr das Literarische daran, auch wenn ich rückblickend

diese Dissoziation für einen Verteidigungsmechanismus des Körpers halte. Während der Überschläge des Autos, während dieser Gewalt, konzentrierte ich mich so auf den Airbag, dass ich in die Fasern schauen konnte, buchstäblich in die Fasern *hinein*, während die Zeit sich um mich herum spürbar aufspaltete in unterschiedliche Zeiten, von denen ich jeweils auf eine mehr oder weniger undeutliche Weise ein Teil war. Als ob Facettenaugen mich befähigt hätten, viel mehr Bilder pro Sekunde zu sehen als normalerweise, und sie es gleichzeitig noch ermöglicht hätten, jedes dieser Bilder einzeln zu betrachten. Wodurch sich diese Bilder entweder ausdehnen konnten zu verlangsamten Panoramen oder kaum eine Millisekunde lang aufblitzten, zu kurz um sie ganz und gar zu begreifen.
„Können Sie beschreiben, was passiert ist?"
Ich kann ganz genau beschreiben, was passiert ist, mit Einzelheiten, die bei den Polizisten ein Lächeln erzeugen – haben Sie den Reifen wirklich gesehen? –, aber jedes Mal, wenn ich den Unfall beschreibe, weiß ich, dass ein Stück weggeschnitten bleibt, ein Streifen aus dem Gemälde: Ich erinnere mich nicht an die Sekunde, in der ich auf das Lenkrad knallte und der Airbag aufging, diese eine Sekunde.
„Plötzlich ist da Rauch, weißer Rauch."
„Das kommt durch die aufspringenden Airbags", sagt ein Polizist.
„Aufspringen?"
Ich erinnere mich nicht an den Knall. Mein Zwerchfell hingegen erinnert sich sehr gut daran. Der Schlag muss so hart gewesen sein, dass meine beiden Schlüsselbeine nicht mehr richtig an den Schultergelenken befestigt sind. Wenn ich tief einatme oder meine Handflächen gegeneinanderpresse, flammt ein

Schmerz auf, bis in den Rücken hinein, und nimmt mir den Atem. Noch Monate nach dem Unfall wird es mir unmöglich sein, mich auf meine Handflächen abzustützen.
Ich kann meine Schlüsselbeine bewegen wie lockere Zähne im Zahnfleisch.

Was mich am meisten bestürzte, war verrückterweise nicht, was hätte passieren können oder das Gefühl vollkommener Machtlosigkeit während des Unfalls, sondern vor allem, dass die *Welt plötzlich aus dem Lot geriet*. Diese eiskalte Aggressivität, die darin lag. Im Auto herrschte eine merkwürdige Stille; wie bei einem Erdbeben glaubte mein Körper nicht, was er spürte, als ob die Welt und mein Körper sich nicht synchron bewegt hätten (ein wenig vergleichbar mit dem Schwindelgefühl, wenn man denkt, der eigene Zug würde abfahren, dabei ist es der Zug nebenan, diese wenigen Sekunden, in denen der Körper schielt, nun aber vervielfacht und viel stärker).

Ab jetzt entwickelt sich in mir ein Körperteilchen für Verlust. Ein zusätzlicher Finger, der bei allem, was er berührt, unverzüglich und untrüglich den Kummer herausfindet.

Ein oder zwei oder maximal drei nichtige Sekunden wurden mir gestohlen. Die ersten Tage schien es, als lauerten die Sekunden außerhalb des Wahrnehmungsbereichs meiner Augen, Ohren und meines Gehirns in einer dunklen Ecke des Zimmers und betrachteten mich, ruhig, um mir eines Tages mit elektrisierten Muskeln an die Gurgel zu gehen – aber schnell wurde klar, dass die Sekunden ganz einfach von einem schwarzen Loch verschlungen worden waren.

Im Korallenmeer zwischen Australien und Neukaledonien suchte ein Team der Southern Surveyor im November 2012 nach Fragmenten, die vor Millionen von Jahren von der Australischen Kontinentalplatte abgerissen waren und sich seitdem verteilt hatten. Gigantische Landstücke, vom Wasser verschlungen. Das Team übertrug Tausende Quadratkilometer Meeresgrund in geophysische Daten.
Angekommen bei 19,22° südlicher Breite und 159,93° östlicher Länge, entdeckte es eine 24 Kilometer lange und fünf Kilometer breite Insel, die dort nicht war. Die Meerestiefe an dieser Stelle betrug 1400 m, unmöglich, dass dort jemals eine Insel gewesen ist.

1876 berichtete Kapitän Robinson vom Walfänger Velocity von einer starken Brandung und Sandinseln auf halbem Weg zwischen Australien und Neukaledonien und taufte sie Sandy Island – hielt er eine Luftspiegelung, einen dümpelnden Berg aus Bimssteinen oder ein abgerissenes, treibendes Riff für eine Insel, oder irrte er sich schlicht bei der Ortsangabe? So geschehen bei der Insel Mayda, auch Mam, Asmayda, Bolunda und sogar Flandern genannt, einer Phantominsel, die direkt vor Frankreich liegen sollte und den Kartographen zufolge vom 14. bis zum 16. Jahrhundert immer weiter nach Westen abtrieb, bis sie vor der Küste Floridas strandete.

Sandy Island wurde zwar von den Karten getilgt, aber es gibt sie noch. Die Insel ist *abandoned*, ein Trauma-Raum, wo in Koma-Zeit gerechnet wird, sie befindet sich auf allen Längen- und Breitengraden der Welt, dort wo Lebewesen einzelne Sekunden oder Stunden verloren haben. Die Vermissten, die Vergesser, jene, die vergessen sind, die *abandoned*, die Verlierer, die Verlorenen, jene, die man verloren glaubt, die ohne jede Spur, die Dodos, die Mammuts und die Socken. Sie sprechen in Worten, die nie ausgesprochen wurden, die sie hätten aussprechen können oder müssen, oder in Worten, die sie zum Glück nicht ausgesprochen haben. Sie schweigen in einer Stille, die nicht von uns herrührt. Die Sandynisten.

Am Ende einer stürmischen Nacht – die Velocity wird zuerst meterhoch angehoben und danach ächzend und knirschend in den Abgrund geschleudert, nicht ein Dutzend sondern Dutzende Male, bis jeder übel zugerichtet ist – läuft das Schiff auf Grund auf. Im ersten Licht sieht die Mannschaft die Umrisse einer in Morgennebel gehüllten Insel. Aber nicht deswegen stehen sie an Deck auf einem Haufen zusammen. Durch das Wasser, das türkisgrüne Wasser, schimmern nicht nur Schiffswracks, sondern Dinge, von deren Existenz sie noch keine Ahnung haben können: Autos, Flugzeuge ... So weit das Auge reicht: Ein Friedhof aus Wracks, besiedelt von Algen und Seepocken, Wracks, die ineinander verkeilt das Gerüst der Insel bilden. Korallenfelsen aus Metall, rostbraun und überwuchert von Algen, durchdringen die Wasseroberfläche und werden rasch verschwenderisch mit allerlei Samen befruchtet, die durch die Luft gereist sind oder von Vögeln ausgeschieden wurden. Und überall stieben Fische in allen nur denkbaren Farben davon – wie im Gehirn knisternde Synapsen.

Hier drinnen reden, lachen, weinen und singen wir, und wie in der echten Welt versuchen wir zu lieben und so wenig Kummer wie möglich zu haben, aber was wir auch machen oder nicht machen, nie verlieren wir aus dem Blick, dass in der wirklichen Welt kein Geliebter bei uns sein wird im Moment unseres Sterbens. Weil die Umstände dafür sorgten, dass wir verschlungen wurden, spurlos verschwunden oder vermisst sind.
Das ist eine Tatsache.
Schon der Gedanke ist unerträglich. Unmöglich, mit diesem klaffenden Loch in der Zeit zu leben.
Deshalb sind wir hier, damit wir dieses Loch im Zeitgewebe schon im Voraus reparieren, auch wenn wir wissen, wie vergeblich dergleichen vielleicht ist.
Vielleicht, weil bereits der Widerstand ausreicht, um es zumindest denken zu können: Jemand wird uns eines Tages aus dem Zeitloch emporheben und zu unseren Geliebten tragen.
Mehr Wahrheit existiert nicht, unsere Geliebten.
Damit sie weiterleben können. Und die Zeit weiterdrehen können.

SANDY-WAHRHEIT

Was unterscheidet Vergessen und Erinnern? Ist das eine tatsächlich eine Variante des anderen?

In der Sprache, die ich spreche, sage ich nicht „ich erinnere", sondern „ich erinnere mich" oder „wir erinnern uns".
Jedes Mal, wenn wir nach einem Faden greifen, der sich aus der Zeit gelöst hat, schreiben wir die Geschichte neu, indem wir den losen Faden mit dem Wahrheitsgewebe verflechten, und immer, wenn ein Faden aus diesem Wahrheitsgewebe ausfranst, binden wir ihn mit einem Kreuzknoten am Zeitgewebe fest, damit die Zeit weiterticken kann.

Unermüdlich bemühen wir uns, das Wahrheitsgewebe neu anzuordnen, nicht nur, um es zu bewahren oder um uns an alles erinnern zu können, sondern, damit es bloß nicht einreißt. Aus einem solchen Riss würde alles herausquellen, und wir wären rettungslos verloren.

In derselben Sprache, in der wir „uns erinnern", „vergessen" wir auch. Ich „vergesse", wir „vergessen" Dinge, Menschen, Ereignisse, Geburtstage, einen Schal, den Ort, an dem wir wohnen ...
Vielleicht machen wir das alles, weil wir nur dadurch in der Lage sind, noch einmal eine neue Perspektive einnehmen zu können. Und jeder verborgene Fehler in der Zeit hilft uns, eine andere

Wahrheit zu akzeptieren (so wie das Wasser jedes Mal die Form einer neuen Flasche annimmt), gerade weil wir die vorige vergessen konnten.

Ich habe jetzt ungefähr 1639872000 Sekunden gelebt, und gerade einmal eine oder zwei oder maximal drei Sekunden wurden mir geraubt – auf die anderen Sekunden bin ich nicht unbedingt stolz, aber ich habe sie auf eine von mir selbst gewählte Art und Weise gelebt, verschleudert, verschlafen oder sie dem Gott der Langeweile geopfert.
Natürlich setzt sich unsere persönliche Geschichte (die Erzählung, die wir sind) aus dem zusammen, woran wir uns erinnern, aber vielleicht besteht unsere ohnmächtigste Geschichte aus dem, das wir unbedingt vergessen wollten und an das wir uns deswegen am genauesten erinnern.
Und vielleicht ist der berührendste Teil unserer Autobiografie derjenige, der aufzeigt, was wir mit all dem, was wir vergessen haben, schließlich angefangen haben. Wie wir unserem *oubli*, was uns entfallen ist, Form gegeben haben, wodurch er gewissermaßen wieder wirklich werden konnte (*Ce beau souvenir qu'est l'oubli* – Blanchot).
Obwohl wir schon zu Anfang wussten, dass eine unvermeidliche Kluft zwischen dem, was war, und dem, was wir daraus gemacht haben, entstehen würde. Wie es war, ist unwiederbringlich verloren, gleichzeitig lebt es aber in einer anderen Form weiter. Phantasie und Vergessen.

Auf den Triptychen, die Bacon für seinen Freund George Dyer malte, der – am Vorabend einer großen Übersichtsausstellung – in ihrem gemeinsamen Hotelzimmer Selbstmord beging, bilden pechschwarze Schatten das wirkliche Herz der Gemälde; viel mehr als der dargestellte Mann. Schwarze Pfützen, schwarze Spiegel ... Epitaph der Abwesenheit, das schwarze Loch, das niemand sehen kann, das aber in unserem Schmerz, in unseren Ritualen kenntlich wird. Die Pfütze, vor die wir uns hinknien und in die wir hineinschauen, ins Bodenlose, hoffend, eines Tages eine Antwort zu erhalten, ein Gesicht zu erkennen, das zurückschaut.

Die einzige mögliche Antwort ist unser eigenes Schauen. Abermals und abermals und abermals. Denn in unserem Blick wird zwar nicht die Antwort, aber doch unsere Frage lebendig.

(Erinnerung: Ich stehe neben meinem Großvater und stelle ihm eine Frage nach der anderen. Neugierig wie die Erdmännchen sei ich, sagt er. Dieses Bild: Tausende Erdmännchen recken sich in der Landschaft, und die Luft flimmert von den Fragen, die sie unermüdlich stellen. Golden in der untergehenden Sonne. Sobald die Sonne vollständig versunken ist, hören sie damit auf. Wie auf ein einziges Fingerschnippen. Und flitzen in ihre Höhlen. Aber sobald die Sonne wieder über den Horizont steigt ...
Erinnerung: Mein Großvater hält eine Taube in den Händen und zieht einen Flügel auseinander, so dass die Federn über seine Hand und den Unterarm fallen. Aber ich sehe vor allem den Kopf der Taube. Dieses eine, pechschwarze Knopfauge. Das mich starr anschaut.
Schmerz: Die schnelle, nächtliche Autofahrt zum Haus meines Opas, und meine Mutter, die meinen Vater die ganze Zeit fragt, ob meine Oma noch lebt, und das heisere Schluchzen, das Weinen meines Großvaters, als wir das Haus betreten.

Traum: Mein Großvater, im Schneidersitz auf einem Holztisch. Das Geräusch der Schere: Er schneidet ein Muster aus einem Stoff, der auf dem Tisch liegt. Aber er schneidet ein Loch sowohl in den Stoff als auch in den Tisch, ein Loch in Gestalt meiner lieben, geliebten Oma, ein Loch, das so schwarz ist, dass jeder, der hineinblickt, langsam in die Schwärze hineingezogen wird. Wirklich: An den Augäpfeln wird man in die Schwärze hineingesaugt, immer tiefer, während man genau spürt, wie der Körper zurückbleibt.)

Stell dir einmal vor.
In einem dunklen Zimmer steht ein Glaswürfel.
Um den Würfel stehen im Viereck Stühle.
Mitten im Würfel steht ein niedrigerer Stuhl. Darauf sitzt ein Mann – hat er jemals etwas anderes gesehen? Ein schwaches Licht geht an. Der Mann ist nackt.

Männer und Frauen erheben sich von ihren Stühlen und kommen näher an den Würfel heran. Der Stuhl, auf dem der Mann sitzt, fängt ganz langsam an, sich um seine eigene Achse zu drehen. Im Uhrzeigersinn. Schweigend schauen die Menschen zu.

Im erleuchteten Würfel sieht der Mann nur sich selbst, reflektiert vom Glas.
Im Dunkel sehen die Zuschauer sowohl den Mann als auch die anderen Zuschauer (das Leuchten auf ihren Gesichtern).
Ich, der einzige, der auf seinem Stuhl sitzen geblieben ist, sehe die um den Käfig stehenden, schauenden Menschen wie Scherben eines zerbrochenen Spiegels, als würde der Mann im Würfel nur aufgrund dieser Blicke überhaupt existieren.
Ich, der einzige, der auf seinem Stuhl sitzen geblieben ist, sehe, wie der Mann im Würfel sich in all diesen Blicken vervielfältigt. Während neue Zuschauer auf den Stühlen diese Blicke wiederum vervielfältigen. Während auch sie, wiederum betrachtet von anderen ...

In konzentrischen Kreisen breitet sich das Betrachten aus. Bis es an den Rand der Welt schlägt und zurückkehrt zu dem Mann, dessen Gesicht sich durch den Schock, für wenige Sekunden, wie während der unmittelbaren Auswirkung des Unfalls, zu einem einzigen geräuschlos schreienden Mund verformt.

Die weiße, flackernde Birne im gläsernen Käfig.

Zuhause hatten wir eine Wanduhr aus Plexiglas. Wenn man diese etwas nach rechts kippte, wuchs der Druck auf das größte Zahnrad und man hörte es klicken. Dieses Klicken galt es auszuschalten. Millimeterarbeit. Mit geschlossenen Augen und das Ohr gegen die Uhr gepresst, neigte ich die Uhr genau so weit, um das Klicken noch gerade rechtzeitig zu verhindern – du konntest richtig hören, wie das Klicken sich aufbaute, dieser fragile Beginn des Klickens, das Kl... Genau rechtzeitig.
Wenn man nicht schnell genug war, klickte es, trocken und laut wie der Bolzen einer Pistole.
Wenn man zu behäbig war oder sich auch einfach nur langweilte, setzte sich das größte Zahnrad in Bewegung, was eine ganze Abfolge ineinandergreifender Zahnräder auslöste, die Klickgeräusche häuften sich, als würde ein ganzes Regiment um dich herum aufmarschieren, und als würden Dutzende Pistolen entsichert; das Pendel der Uhr rutschte ein paar Zentimeter nach unten, wodurch der maximale Druck weitergegeben wurde – jetzt wurden die Pistolen an den Kopf gehalten – das Räderwerk überdrehte, die Zähnchen griffen nicht mehr ineinander, das Gewicht fiel rasselnd hinunter und knallte auf den Boden.
Während des Falls drehten sich die Uhrzeiger wie verrückt im Kreis und ‚verbrauchten' mehrere Stunden in einer, zwei, drei Sekunden.

Als ich mich im Krankenhausbett aufrichte, um nach einer Flasche Wasser zu greifen, fängt das Zimmer derart an zu schwanken, dass ich mich an den Metallstangen festhalten muss – mein Räderwerk, das durchdreht. Ich kann mich unmöglich auf die Seite legen. Aufgrund der Schmerzen im Nacken und im Rücken kann ich mich auch nicht auf den Rücken legen. Immer, wenn ich an den Unfall denke – ich fahre wieder auf der E 40, ich überhole einen Lastwagen –, fange ich leise an zu summen, um dieses Klicken aufzuhalten. Ein Krankenpfleger schaut nach, ob alles in Ordnung ist. An meinem Zeigefinger befestigt er eine Art Wäscheklammer.

„Mann, was hast du für ein Glück gehabt", sagt er lachend, bevor er hinter dem Vorhang verschwindet.
Der melodramatische Gedanke: So viel Glück kann ich kein zweites Mal haben.* Und: Das ist mein letztes Leben (das der Katze in mir).

Ich lege mir ein Stückchen Schokolade auf die Zunge und konzentriere mich darauf, wie es schmilzt. So werde ich ab jetzt – das nehme ich mir vor – saugen am Stabat Mater von Pergolesi, lecken an Samuel Becketts *Endspiel*, mich wie die Matadore von Goya in der Hüfte wiegen, die Beine breit machen für Heiner Müllers *Quartett*, zehn Gläser Caravaggio eines nach dem anderen auf ex trinken, Shakespeares Sonette paffen, Dantes *Divina Commedia* schnupfen, mir Borges in die Venen spritzen, Joyce ficken, während ich Dickinson befummle und

* Ich bin einfach nur ein *accident*.
Warum also alles so ernst nehmen? (E. M. Cioran)

Montaigne einatme, bevor ich durch hohes Gras, brennendes Gras, Gestrüpp zum Wasser gehe. Zieh die Kleider aus. Lauf auf Händen und Füßen zum Wasser. Überall Rascheln, Keuchen, schnaufe gemeinsam mit den Tieren. Rieche deine Achseln, den Speichel, das Saure, deine verstecktesten Drüsen. Den strengen Geruch der kleinen Tiere, die, genau wie du, duftendes, warmes Fleisch unter Pelz oder Schuppen tragen, den Geruch von verbrannten Blättern, Urin, Schweiß. Höre, wie sie beißen, schlürfen, lecken, saugen, wie Zähne ineinander harken, Klauen, Schuppen ... Ab jetzt werde ich ... Nie wieder werde ich ... Jetzt ist es vorbei mit ... Ab jetzt habe ich keine Zeit mehr für ... Sie können mir den Buckel runterrutschen mit ... Ich habe nur noch Zeit für ... Jetzt ist die Zeit, um ... Nur noch leben, leben, leben. Mein letztes Leben.

Am nächsten Morgen steige ich aus der Dusche, und es gelingt mir nur mit größter Mühe, meine Kleider anzuziehen – ich fühle mich wie gerädert. In meinem linken Ärmel ist ein Loch. Ich nehme meinen Rucksack mit dem Laptop und gehe durch den Flur nach draußen. Es ist ein wunderbarer Morgen. Draußen rauche ich mit dem Pfleger, der mir im Krankenwagen beistand, eine Zigarette.

Ich lehne mich an die Mauer, das Gesicht der Sonne zugewandt.

Ich spaziere zu einer Grasfläche in der Nähe der Intensivstation, am Rand dieser medizinischen Stadt – wie viele Menschen erhalten hier genau in diesem Augenblick erleichternde oder definitive Diagnosen, wie viele Menschen schnaufen den letzten Atemzug oder werden wider Erwarten doch noch gerettet?

Hier pulsiert das Leben.

Wie still es am Rand ist.

Ich versuche mich hinzusetzen, aber der Stuhl ist zu niedrig. Das ist kein Sitzen, nicht einmal der Versuch zu sitzen, sondern eine stümperhafte, verlangsamte Breakdance-Variante.

Etwas später lasse ich mich stöhnend neben meine Freundin auf den Sitz fallen. Sie bringt mich nach Hause, lächelnd, die Hand auf meinem Knie.

Zu Hause steht ein brandneuer, weißer Liegestuhl im Wohnzimmer und wartet auf mich. Ich weiß sofort, dass die Fasern identisch sind mit denen des Airbags.

Die Katze lässt sich nicht von mir fortjagen. Sobald ich wieder zu Hause bin, lässt sie sich von nichts und niemanden davon abhalten, jeden Morgen mit einem Sprung die Schlafzimmertür zu öffnen. Dann läuft sie schnurrend und raunzend auf mich zu, stößt mich dabei sanft mit dem Kopf, tanzt um sich selbst und rollt sich bei meinem Kopf zusammen, was sie früher nie gemacht hat. Die schneeweiße Katze auf dem schneeweißen Laken. Hin und wieder richtet sich eines ihrer Öhrchen auf, sucht die Umgebung ab, rosig, durchschimmernd. Sie patscht mit ihrer rechten Pfote gegen mein Kinn, als wollte sie sichergehen, dass ich noch da bin, und schläft ein.

Sie bringt mir eine Drossel und eine Amsel. Die Amsel ist trotz des zerschmetterten Hinterleibs noch nicht ganz tot und versucht flatternd zu entkommen. Im Wohnzimmer liegen überall schwarze flaumige Federn. Schließlich hebe ich den japsenden, blutenden Vogel auf, mit einer Plastiktüte, die ich mir als Handschuh über die Finger gestülpt habe, und gehe in den Garten. Ganz hinten steht eine Betonwand. Dort erlöse ich die Amsel von ihrem Leiden.
Im Wohnzimmer lässt die Katze ihren typischen Schreilaut hören, rast auf mich zu, als hätte sie mich Jahre nicht gesehen, reibt sich an meinen Hosenbeinen.

Zwei Tage nachdem wir die Katze im Tierheim in Gent abgeholt hatten, bildeten sich Löcher im Fell und die Fußballen bluteten bei jedem ihrer Schritte, weshalb sie überall rote

Pfotenabdrücke hinterließ. Sie hatte einen Virus, der nur in Kalifornien vorkam. Daher wurde sie während ihres Krankenhausaufenthalts auch von begeisterten Universitätsprofessoren in Augenschein genommen, die den Virus endlich einmal am lebenden Tier studieren konnten. Vielleicht hatte sie sich während ihrer Gefangenschaft in einem der Tierheimkäfige, umringt von schnaufenden, jämmerlich miauenden Katzen und den Mond anbellenden Hunden, fort in ein anderes Leben geträumt. Dann war sie in der Nacht auf dem Rücken eines Bären unterwegs, um mit Rotluchsen, Wölfen, Silberdachsen und Füchsen zu kämpfen. Vielleicht bestieg sie in einer von Mondlicht getränkten Nacht einen Riesenmammutbaum, verirrte sich in der vertikalen Welt Dutzende Meter über der Erde. Und dort leckte sie aus einer der Pfützen in einer Baumhöhle ein Jahrhunderte altes, schlafendes Virus auf. Wonach sie im Fieber halluzinierend durch die vertikalen Landschaften taumelte, vorbei an aus der Erde emporgehobenen Nachfahren des englischen Piraten Francis Drake, in Kampfhaltung erstarrt, vorbei an Gefährten des spanischen Entdeckungsreisenden Juan Rodríguez Cabrillo mit goldenen Münzen zwischen den Zähnen, vorbei an Franziskanern mit großen Kreuzen, als wären Zweige durch ihre Hände gewachsen ... Vielleicht erreichte sie nach langen Irrfahrten die nur von Frauen bewohnte Insel Kalifornien und kämpfte als Amazone an der Seite der legendären Königin Calafia.* Wie sonst könnte man erklären, dass sie, kriechend durch das halbhohe Gras, vor unserer Nase unsichtbare Feinde anfällt oder dass manchmal – im perfekten Zirkel ihres Schlafes, den Schwanz über die Augen gelegt – ein elektrischer Schock durch sie läuft, als stünde sie plötzlich Auge in Auge mit einem Grizzly?

SANDY-WAHRHEIT-UND-ZEIT

Sieh, wie wir hier stehen, in der einen Hand das Gewebe der Zeit, in der anderen das der Wahrheit. Und sieh, wie beschäftigt wir sind (wie ein Seiltänzer, der über ein meterhoch gespanntes Kabel läuft und an Fäden zwei riesige Ballons in den Händen hält). Aber in der Zwischenzeit schnappt unser Mund nach einem anderen Mund, küsst einen Hals, legt sich Wange an Wange, ein Kopf auf eine Schulter, eine Stirn an eine Stirn, leckt eine Zunge eine Brust, saugt ein Mund an einem Geschlechtsteil, beißen sich Lippen in einem hingehaltenen Arm fest, verhakt sich ein Bein hinter einem Rücken, zieht ein Fuß mit der Ferse einen anderen Körper dichter an sich heran, steigt ein Bauch, nein, reibt sich ein Bauch an einem Bein nach oben, und versucht sich ein Geschlecht an das andere Geschlecht zu schieben, in oder auf oder über das andere Geschlecht, hoffend, ganz kurz, vielleicht nur für eine Sekunde, ganz kurz ...

Vielleicht ist nicht der Körper die einzige Wahrheit, sondern das, was zwischen diesen Körpern geschieht. Ist das die einzig mögliche Religion.

Ein Mann und eine Frau.
Die Frau stützt den Mann, er hat seinen Arm um ihre Taille geklammert. Sie hilft ihm, ins Bett zu gehen, hilft ihm dabei, sich auf die Kante des Betts zu setzen. Hilft ihm, sich hinzulegen. Sie streift seine Hose ab, die Strümpfe. Sein T-Shirt. Schließlich seine Unterhose. Sie legt ihm ein Kissen unter den Kopf.
Dann stellt sie sich vor ihn. Zieht ihr T-Shirt und ihre Hose aus. Dann den BH und den Slip.
Sie kniet sich auf das Bett.
Sie fängt mit seinem linken Fuß an. Beatmet seine Haut, küsst jeden Zentimeter. Ernst.
Von den Füßen bis zur Leiste, von der Leiste bis zur Schulter, von der Schulter bis zur Stirn. Die Augenlider, die Schläfen, das Jochbein, die Nase, die Lippen, das Kinn, den Hals, das Schlüsselbein, die Schultern.
Jeden Zentimeter. Atmen. Küssen. Lecken. Wie ein Gebet ohne Worte.
Seine Brust, die Brustwarzen, das auf dem Kopf stehende V des Zwerchfells, den Nabel und den Bauch.
Sein Geschlecht.
Erst danach richtet sie sich auf.
Eine Hand auf ihrer rechten Brust, die andere zwischen den Beinen. Durch einen Blick macht sie ihn zu einem Lebenden. Atmet schneller.
Als würde sie auf sich selbst schreiben, Wörter, Sätze, die Liturgie des Schmerzes und der Freude. Und die glänzenden Buchstaben danach auf ihn übertragen, auf seine Brust, auf

sein Geschlecht, auf seine Stirn, auf seinen Mund, in seinen Mund, in ihren eigenen Mund. Die Buchstaben der Liturgie der Angst, des Schmerzes und der Freude. Ein jauchzendes Lied zur Ehre des Lebens.

Daran möchte ich mich immer erinnern. Dein Blick, kurz bevor deine Augen sich verlieren.
Und dann dürfen meine Augen sich verlieren.

Die Gemälde von Bacon scheinen losgelöst von der Welt, aufblitzende Bruchstücke, Körper, die in Lust oder Schmerz aufgehen, zittern, die so rasend schnell um ihre eigene Achse rotieren, dass man nur noch Fleischstreifen oder -fetzen wahrnimmt. Aber zugleich flehen sie uns an, nein, zwingen uns, so wie die nur in Bruchstücken überlieferten Gedichte der Sappho aus Mytilini, ihnen zu antworten, mit unseren intimsten Träumen, Erinnerungen, Phantasmagorien, um so, vielleicht auch nur für wenige Sekunden, bedeutungsvoll aufzuleuchten.
Danach kreiseln wir unwiederbringlich voneinander fort, wie Scherben auf der Suche nach anderen Scherben, um eine neue Vase zu bilden.
Nicht losgelöst von der Welt, sondern das Gegenteil davon: die ganze Welt, die sich für wenige Sekunden zitternd zusammenballt.

Viele der Gesichtsentstellungen in Bacons Gemälden scheinen Bewegung auszudrücken: als hätten seine Facettenaugen alle denkbaren Kopfbewegungen der dargestellten Person registriert und als hätte er sie übereinander geklebt zu diesem einen, entstellten Gesicht – ein Kopf der sich gleichzeitig schüttelt, der spricht, singt, ruft, genießt ... Ein Palimpsest, dessen Schichten durchschimmern. Wodurch die emotionale

Wirkung wächst. Denn genau das versucht Bacon: Indem er das Figurative durchbricht und es zugleich betont, wirkt er mit Gewalt auf das Nervensystem des Betrachters ein. Unmittelbar, chemisch. Nicht der Blick der dargestellten Person schaut uns an, sondern ihr Körper. Nicht die Augen bilden das Zentrum der Porträts, sondern der Mund. Dieses flimmernde, farbige, geöffnete, glänzende, sexuelle, mit Zähnen gefüllte, weiche Loch im Gesicht. Bacon hoffte darauf, „einen Mund zu malen, wie Monet einen Sonnenaufgang malte".

Bacon rahmte seine Arbeiten hinter Glas. Wie in einer Peepshow. So zwang er uns zum Voyeurismus und hielt den Voyeur doch gleichzeitig auf Abstand.

Bacon malte nicht am lebenden Modell, sondern benutze Fotos. Was für ein Unterschied zu seinem Freund, Lucian Freud, der tage- und wochenlang sein Modell quälte, bis er jede Farbschattierung von dessen ‚Seele' auf die Leinwand gebannt hatte. Vielleicht brauchte Bacon die vollkommene Isolation, die Stille, die Abwesenheit, um auf seiner Leinwand die Stelle zeigen zu können, „wie sie war, als du dort noch warst". Vielleicht brauchte er die leere Stelle, um sie erneut mit vergeblicher Anwesenheit füllen zu können. Gleichzeitig Stillleben und Sehnsuchtsort. Und vielleicht liegen genau deshalb all die ausgezogenen Kleidungsstücke noch im Atelier.

Bacons Gemälde entstanden aus Flecken, die er dann mit einem Palettenmesser oder einer zusammengeknüllten Zeitung bearbeitete – möglicherweise war er mehr Bildhauer als Maler. Erst danach ergänzte er Konturen, mit einem Messer oder indem er diese direkt aus der Tube auf die Leinwand drückte. Oder er schnitt mit einem Messer Stücke aus den Farbschichten heraus. Oder ergänzte Tau oder Stofffetzen, die er danach übermalte, so dass ein Relief entstand.

Baconsche Psycho-Pornografie: nicht den Namen, die Person selbst, den Blick von Mensch zu Mensch, sondern das Fleisch. Die Psychologie des Fleisches. Das Fleisch ist die Seele. Die sich ausstülpt und sich in unsere Richtung schiebt. Wie ein Geschlecht zum Mund.

NOCH KURZ ÜBER DIE ZEIT

Stell dir vor, wir könnten uns mit annähernder Lichtgeschwindigkeit fortbewegen.
Die Zeit in einem Flugzeug oder in einem Auto liefe dann nicht in einem identischen Tempo wie die Zeit am Flughafen oder in dem Haus, in dem jemand dich erwartet – wie ein Experiment gezeigt hat.

Genauso gut kann man natürlich sagen, dass der Flughafen dem Flugzeug enteilt, oder dass das Haus, in dem jemand dich erwartet, von deinem Auto wegfährt, denn auch da läuft die Zeit anders.

Also dann.

Stell dir vor, dass ich eines Morgens mit Lichtgeschwindigkeit von zu Hause wegfahre und dass du am Küchentisch an mich denkst – ich zwinkere in den Rückspiegel, und du nickst mir über deiner Kaffeetasse zu und lächelst.

Wenn wir einander wiedersehen, existiert, dem Experiment zufolge, ein Unterschied zwischen der Zeit, die bei dir und bei mir verstrichen ist.

Wo war ich in diesem winzigen Stückchen verlorener Zeit?

Ich war auf der Insel Sandy, liebe Geliebte, ich hockte mit funkelnden Glasscherben in meinen Haaren und einem Loch im Ärmel meiner Jacke auf den Knien und grub nach dem Erz der Wahrheit, das ich dir bringen wollte.

ZUM ABSCHLUSS ETWAS ÜBER ZEIT UND WAHRHEIT, DIE SICH VONEINANDER ENTFERNEN UND EINANDER DOCH WIEDER SCHNEIDEN – UND ÜBER DIE WUNDE, DIE SO ETWAS VERURSACHT

Wer einen solchen Unfall erlebt, spürt, wie die Zeit sich mit rasender Geschwindigkeit in verschiedene Subzeiten aufspaltet, wie in einem Prisma, das das Licht in alle Farben des Regenbogens bricht, nur chaotischer.

Bei der Aufspaltung der Zeiten bleibst du selbst in allen Subzeiten präsent. In jeder Scherbe des gebrochenen Spiegels der Zeit siehst du dich selbst: Wie du erstaunt um dich blickst und dich zugleich in die Fasern des Airbags versenkst, du nimmst in deinem eigenen Kopf Platz, während du am Steuer sitzt und gleichzeitig auf dem Rücksitz in Richtung des Beifahrersitzes schaust, über dem dein eigener Kopf hin- und hergeschleudert wird ...

Als würdest du etwas rufen und das, was du rufst, würde in Töne zerfallen, die in allen Richtungen Echos erzeugen, unterschiedlicher Dauer, Stärke und so weiter. Und du versuchst, während du steif in deinem Autositz hängst, all diese Echos aufzunehmen – als wüchsen Dutzende Ohren aus deinem Kopf. Benommen steigst du schließlich aus dem Auto, das auf dem Dach liegt. Die Schwindelanfälle, die dich zu Boden werfen, jedes Mal, wenn ein Echo zu dir zurückkehrt, sich um seine

Achse dreht wie ein Bumerang, der jedes Mal die Wahrheit deiner eigenen Zeit wieder durchkreuzt!

Medizinisch gesehen haben sich die Kristalle im Innenohr durch den Unfall bewegt, so dass du sie nicht länger ‚hören' kannst. Sie schaffen eine Nach-Zeit: eine zweite Zeit, die wie eine Aura um dich schwebt und dich Dinge doppelt hören lässt, wodurch dir bei der geringsten Bewegung des Kopfes schwindelig wird.

Du: du, der den Unfall erlebt hat.
Du: wir.

Liegt darin, abgesehen von Brüchen und Blut, die wahre Verletzung: dass wir noch immer auf die letzten Echos warten, die vielleicht Stunden, Tage, Wochen oder sogar Jahre brauchen werden, um endlich wieder nach Hause zurückzukehren? Die Erkenntnis, dass sie nicht alle zurückkommen werden. Das ist das wirkliche Loch in Zeit und Wahrheit: der endlose Jetlag, den wir von jetzt an immer spüren werden.

Als würden wir darauf warten, dass unser Schatten endlich wieder komplett ist.

Wir, die mit Facettenaugen übersät sind.
Wir, die mit Dutzenden Ohren bewachsen sind.

Wir, die, sobald die Stille fällt, jeden einzelnen Tropfen und auch den schrillen Piepton des großen Weiß hören und sehen können.

Negativer Raum (weißer Raum) ist der leere Raum um ein Ding. Positiver Raum ist das Ding selbst. Jeder, der fotografiert, weiß, dass der negative Raum (Luft, Wasser, ein einheitlicher Hintergrund ...) sowohl die Komposition aufwertet, als auch das Thema klarer strukturiert und betont.

Negativer Raum.
Nach einer Fahrt über die Route 44 steigen meine Freundin und ich in Hermanus, Südafrika, aus dem Auto, auf einer von der Sonne beschienenen, windigen Straße, die zum Ozean führt. Wir gehen über bröckelige Felswege den Küstenstreifen entlang zum Pier. Überall stehen Leute, den Rücken zum Land, und das Gesicht dem Wasser zugewandt. Das silbrig-grüne Wasser mit dem sich wiegenden Seetang, der sich mit jeder Welle an die Felsen wirft. Weiter draußen in der Bucht treffen v-förmige Wellen aufeinander, violetter Nebel hängt am Horizont, ein Schaumring dümpelt an der Mündung der Bucht. Und dann geschieht es plötzlich, eine Frau zeigt hinaus aufs Meer, der gemeinschaftliche Atem stockt, Ferngläser werden ausgepackt.

Positiver Raum.
Ein riesiges V spritzt hoch in die Luft, zwei Nebelschleier, die in Regenbogenfarben zerstäuben.
Etwas glänzt in der Ferne wie ein nasser Felsen.
Es kommt mit der Nase aus dem Meer, in einem Mantel aus Schaum, krümmt sich im Sprung nach hinten, ist so groß wie ein

Lastwagen, allerdings überzogen mit schwarzem, glänzendem Gummi und bewachsen mit Seepocken.
Es landet auf der Flanke und das Wasser explodiert.

Baconscher Raum.
Während das alles geschieht, schaue ich auf das Gesicht einer Frau. Sie sitzt im Schneidersitz auf einem Felsblock, errötet bis in die Haut ihres Halses, atmet tief ein, zieht die Schultern hoch, reißt die Augen sperrangelweit auf, quetscht die Hand zwischen die Beine, öffnet den Mund weit. Als ob sie sänge. Als ob ihr Mund endlich das Lied sänge, für das ihre Lippen, die Mundhöhle, die Zunge, die Zähne, die Kehle eigentlich gemacht sind. Ein Lied von Speichel, Schleimhäuten, Fleisch, Zunge, Zähnen und vom Erröten.

Am nächsten Morgen erwachen meine Freundin und ich in einem Zimmer, das über dem Ozean hängt. Wir schieben die Vorhänge zur Seite und frühstücken im Bett. Die Sonne fällt auf die Bettlaken. Ein Wal schwimmt so nah im Kreis, dass man die Narben auf seinem Rücken zählen kann. Meine Freundin auf dem Bett, mit nacktem Oberkörper; in der linken Hand hält sie eine halbe Avocado und in der rechten einen Löffel, sie steckt sich den Löffel in den Mund, kaut und dann, plötzlich, mitten in der Kaubewegung, zieht sie die Augenbrauen hoch, bleibt für ein paar Sekunden bewegungslos so sitzen und kaut dann weiter.

Vielleicht sah die Mannschaft der Velocity auf 19,22° südlicher Breite und 159,93° östlicher Länge im Nebel eine mit Seepocken und Algen bewachsene Insel.

Oder vielleicht sah auch eine riesige Gruppe bewegungsloser, mit Seepocken und Algen bewachsener Wale ein Schiff vorübergleiten, auf dem hinter der Reling bewegungslose, schweigende, mit Salz überwucherte Männer standen. Und zeichnete Kapitän Robinson, krank von Heimweh nach einem weichen, warmen Körper, in der Nacht in seiner Kajüte eine Insel auf die Karte. Eine Insel in Form eines langgestreckten Wals, ein glänzendes, längliches, dunkles Objekt und zugleich eine Waffe der Sehnsucht.

Und ich?

Ich
habe nichts
gesehen, als
der schwarze Wal
im Gegenlicht
auftauchte, nur ein
Glitzern im Wasser,
eine Falte in der Luft,
wie der glühende Kern
einer Schweißflamme, kaum
eine Sekunde lang, und als ich
meine Augen wieder schloss, sah
ich eine pechschwarze Flamme
in der Form eines Walfischs.
Vielleicht war das jetzt der
echte Wal: ein Schwarz, das
Violett wurde, mit einem grünen
Rand, der schließlich ganz
weiß von meinem Augapfel
in die Ecke meines
linken Auges abtrieb;
meine Freundin schaute
mich an, nickte
mir zu, schlug
einen Arm um
meine Hüfte
und legte
ihren
Kopf an meine Schulter.
Liebste Liebste.

Sandy I^s

Ich erinnere mich daran, dass der Mann, der mir aus dem Auto half, mich gefragt hat: „Sind da noch Mitfahrer?"
Und dass ich selbst noch zweimal im Wrack nachschaute, vollkommen durch den Wind, obwohl ich sicher wusste, dass niemand sonst ... Mich hatte ein unerträglicher Schmerz übermannt, in Gedanken an Geliebte, die nicht verletzt wurden und nicht gestorben waren: Phantomschmerzen wegen etwas, das ich gar nicht verloren hatte. Jemand, den ich nicht verloren hatte.
Schmerz, der Vakuumerzeuger. Ein luftleerer Lappen in Gestalt der Insel Sandy. Schmerz, der zu einem Ding wird, aushärtet zu einem Kern.

(Küss mich.
Sauge.
Sauge den Kern aus mir heraus.
Spucke ihn ins Feuer.)

Ein Lastwagen, mit glänzend schwarzem Gummi überzogen, fährt irgendwo in Frankreich aus einem Garagentor und sucht nach mir. Wo ich auch bin, er ist mir auf der Fährte.
Manche umschreiben einen Albtraum als eine Bestie, die breitbeinig über deinem schlafenden Körper steht, keucht, schnuppert. Und du, erstarrt, kannst dich nur totstellen, während du dir stumm die Lungen aus dem Leib brüllst. Mein Albtraum ist der Lastwagen, der unkontrolliert über mich hinwegbrettert. Keine Bremsspuren. Unkontrolliert über mich hinweg – beim Zusammenprall schmecke ich stets wieder Metall, nicht einmal eine Sekunde lang, eine Erinnerung, die ich kenne, von jenem einen Mal, als ich gedankenverloren auf einem Gehsteig mit dem Jochbein gegen ein Verkehrszeichen gelaufen bin. Oder dem einen Mal, als ich aus dem Nichts einen Faustschlag ins Gesicht bekam. Der Metallgeschmack der Gewalt, dann die schwarze Stille.

Die Essenz des Albtraums bleibt immer dieselbe. Ich rutsche auf dem Dach über den Straßenbelag, und der Stoßdämpfer des Lastwagens bohrt sich durch die Autotür, noch bevor ich den Aufprall spüre.
Während des Albtraums mache ich ein Wirrwarr von Gefühlen durch – Erstaunen, Neugierde, Glück, Kummer und Panik. In den ersten Monaten nach dem Unfall fühlte sich das immer neu und messerscharf an. Jetzt aber ist aus dem Albtraum ein Spielzeuglastwagen geworden, den ich im Schlafzimmerschrank hinter den Winterpullovern aufbewahre. Manchmal

leuchten die Scheinwerfer kurz auf, dann schiebt er die dicken Pullover aus dem Schrank und landet geräuschlos auf ihnen. Danach setzt er ein paar Meter zurück, um genügend Anlauf hin zu meinem Bett zu haben. Am Morgen schaue ich nach, ob die Karosserie Schrammen bekommen hat und lege ihn wieder hinter die Winterpullover.

Der Abschleppwagen fährt auf den Parkplatz der Volvo-Werkstatt, aber das ist nicht der normale Parkplatz. Hier stehen nur Autos mit zerquetschter Front, eingedrückten Türen und schiefen Felgen ohne Bereifung. Die Ladefläche kippt und gießt das Autowrack aus, wie eine gestockte Masse aus einem Eimer: das zerschrammte, zerbeulte Dach und die Motorhaube voller Risse vom Schleifen über den Asphalt, abgebrochene Seitenspiegel, herunterhängende Stoßdämpfer, die herausgebrochene und zersplitterte Windschutzscheibe. Ein Auto, das kein Auto mehr ist, sondern eine Art Wesen: Ein muskelbepackter Körper, wie eine geballte Faust, schaut mich, den Kopf zwischen den Schultern, dreckig an. Versucht zuzuschlagen, mit aufgerissenem Maul, zieht sich sofort wieder in seine Ecke zurück, mit hochgezogenen Lefzen, gelben Zähnen, immer noch knurrend, knapp an mir vorbeischauend. Es besteht aber kein Zweifel: Das ist ein verletzter Körper, aus dem die letzten Kräfte schwinden. Das Keuchen bricht mit Seufzen und Beben weg.

(Sechs Wochen nach dem Unfall fährst du in einem neuen, schwarz-glänzenden, identischen Wagen, und dein Körper staunt, dass ihr euch wie im Schlaf erkennt, dass der Wagen sofort auf die winzigste Bewegung des kleinen Fingers reagiert. An Lastwagen fährst du nervös vorbei, du bist auf der Hut, auf der mittleren Spur der E 17 liegt ein zerfetzter Reifen, dem du nicht ausweichen kannst. Ein Schlag gegen die Unterseite des Wagens. Abermals springen die Airbags auf und du merkst, wie der Wagen zu einem endlosen Gleitflug ansetzt. Doch der Wagen fährt ungerührt weiter, bringt dich sicher an den verfluchten Lastwagen und ihren viel zu großen Rädern vorbei.)

Seit dem Unfall passiert es manchmal, vor allem wenn ich abrupt zur Seite schaue – diese identische Kopfbewegung sofort nach dem Aufprall, als links von mir Metall über den Asphalt scheuerte –, dass ich für den Bruchteil einer Sekunde lang nicht existiere, als würde nicht mein Herz, sondern mein Hirn aussetzen. Ein Mini-Jetlag. Wie ich vermute, schneidet in diesem Augenblick eine beliebige Gerade meine Gerade, und ganz kurz bin ich wieder auf der Insel Sandy. Und vielleicht ist die Bestie, die während des Albtraums keuchend über mir steht, einer der beiden Sandynistenhunde, die Raouls Bruder hinter sich herziehen, mit seinem Netz voller Knochen. Ein Tier mit kräftigem, leuchtendem Muster, als wären es Muskeln, und kleineren, helleren Flecken und Streifen, ein Fell aus Glasscherben, wie in Bacons *Painting of a Dog* aus dem Jahr 1952.

Als würde ich in einer anderen Nacht aus dem Schlaf aufschrecken und mich im Dunkeln aufrecht hinsetzen: eine Nacht, die jetzt, in diesem unverwechselbaren Augenblick, sich auf einen anderen Längen- und Breitengrad gesenkt hat.
Was ich wirklich sehe? Das unergründliche Schwarz des Nachthimmels. Und darin zwei weiße Kegel der Suchscheinwerfer. Sie zeichnen im Himmel ein X.

Ich esse Kirschen. Dicke, saftige Kirschen. Ich beiße das Fruchtfleisch von den Kernen, die ich dann mit der Zunge säubere. Die Kerne spucke ich in meine Hand. Dann sehe ich erst, dass es blutige Zähne sind.
Dieser Moment.
Das geschieht, wenn du aus dem Autowrack steigst: Plötzlich siehst du das Skelett des Wagens, und wenn du auf deinen eigenen Arm schaust, liegt der Oberarmknochen frei, Speiche und Elle ebenfalls et cetera.

Wie auf einer anatomischen Zeichnung von Leonardo da Vinci.

Als Kind malte ich stundenlang ohne Unterbrechung, kniend oder auf einem Arm auf dem Boden liegend, vollkommen versunken in mein Tun, in dessen Dauer, in die ‚Atmung des Manuellen'. Mit roter Pastellkreide kopierte ich anatomische Zeichnungen oder Porträts von da Vinci: der zur Seite geneigte Kopf der Leda*, ihre Augenlider, die Schattierungen um ihre Nase, die Haare. Ich zeichnete den bronzenen *David* von Donatello, einen schlanken, mädchenhaften Jungen mit leichtem Hohlkreuz, der sich auf sein rechtes Bein abstützt, während er den linken Fuß triumphierend auf den riesigen Kopf von Goliath gestellt hat. Die linke Hand lehnt arrogant und elegant auf der Hüfte, in der rechten hält er ein Schwert. Ich zeichnete das Gesicht von Michelangelos *Madonna mit Kind* – ich war aus der Schule weggelaufen und irrte, Schutz suchend vor dem dichten Regen, in der halbdunklen Liebfrauenkirche* umher. Ein Wunder aus Marmor, das mich durch das Lächeln der Madonna mit einem unerklärlichen Schmerz erfüllte und durch die Falten ihres Kleides mit einer verwirrenden Lust. Die Falten im Kleid der Madonna von Michelangelo spiegelten sich in meinem imaginären Museum in den Wasserstudien* von da Vinci, führten mich aber recht schnell zum glänzenden Marmor Berninis*. Die Verzückung der heiligen Theresa! Dass Marmor so verwirrend erotisch sein kann. Die Stunden, die ich mit dem Berühren dieser Statuen verbrachte, nur indem ich sie kopierte. Die Erkenntnis, dass Augen auch Fingerkuppen sind. Lange bevor ich den ersten, nackten Körper von Kopf bis Fuß betrachtete.

Unersättlich blätterte ich durch Kunstkataloge, Lexika, Nachschlagewerke, historische Querschnitte und kopierte die Meisterwerke, die ich in mein imaginäres Museum aufnahm.
Als ich Zeichenunterricht nahm – ich sollte und musste in die Fußspuren eines Jan Van Eyck treten, seit meinem ersten Blick auf dessen *Madonna des Kanonikus van der Paele* –, begriff ich ziemlich schnell, dass ich mit Farbe und Pinsel nie würde *denken* können, was ich wirklich wollte. Meine Hand war ganz einfach zu dämlich dafür. Ab heute würde ich nicht mehr zeichnen oder malen, sondern schreiben nach lebendem Modell. Selbstverständlich ging es mir nicht um die Frage nach Realismus – die Illusion der Wirklichkeit – oder um akademische Kunst – wie male ich mit Wörtern einen wohlproportionierten Körper? Wovon ich träumte, war, mit meinen Worten einen Körper zu erschaffen „wie ein Stillleben, das darauf wartet, zu erröten“. Ein Stillleben (natura morta), das auf den Leser wartet, um von ihm (ihr) betrachtet zu werden und von diesem Blick erfüllt,

geliebt, abgelehnt oder bekämpft zu werden. Das wechselseitige Erröten (Wort und Leser). Das Wort wird erst durch den Blick Körper, die höchst persönliche Komplettierung durch den Leser. Ein neuer, unaussprechlicher Körper.

Laut Plinius dem Älteren entstand die Malerei, als eine Frau die Schatten ihres Geliebten mit Holzkohle auf einer Wand nachzog. Der Geliebte brach ins Ausland auf, und das Bild sollte den wirklichen Körper während seiner Abwesenheit heraufbeschwören. Der Traum, etwas heraufzubeschwören, das verloren gegangen ist.
Aber natürlich steigt der Geliebte nicht länger aus seinen mit Holzkohle gezeichneten Umrissen. Nicht in unseren Zeiten.

Schreiben nach dem lebenden Modell: Jedes Wort, das den Körper noch mehr zum Leben zu erwecken scheint, vergrößert zugleich die Unmöglichkeit, diesen Körper jemals berühren zu können, weshalb man ihn bereits vermisst, sobald man den ersten Buchstaben gelesen hat.

Vielleicht ist „vermissen“ das falsche Wort. Es hat mit der „Gegenwart“ von etwas zu tun, aber nicht auf eine nostalgische Art. Dieses Defizit verweist nicht auf etwas, das verloren wurde, sondern auf eine nicht zu löschende, unstillbare Sehnsucht nach Gegenwart.

Ich kann nicht schlafen. Ich betrachte meine Freundin. Wie sie schläft. Auf dem Bauch. Das rechte Bein angewinkelt. Die Linie ihrer Hüfte. Die linke Wange auf dem Bettlaken. Der Herzschlag an ihrem Hals. Ihr Rücken bewegt sich ganz leicht auf und ab. Die rechte Hand neben dem Kopf. Die Handfläche auf dem Bettlaken. Ihre rechte Brust.
Und dann erscheint ein Runzeln zwischen den Augenbrauen. Bewegt sie ihre Lippen. Ballt sich die Hand zur Faust. Seufzt sie. Schüttelt sie kurz den Kopf. Seufzt lauter. Schüttelt etwas in sich, mit ihrem Kopf. „Nein", wimmert sie. Mit einem Ruck setzt sie sich gerade hin. Ich nehme sie in die Arme. „Ich habe", sagt sie. Schüttelt den Kopf. Mit dünner Stimme: „Ich habe geträumt, du hättest einen Unfall." Sie lässt sich umarmen. Sie ist so warm. Lässt sich küssen. Ohne ihre Augen zu öffnen, steigt sie aus dem Bett und geht zur Toilette.
Ich gehe ins Badezimmer. Ich schaue in den Spiegel, als würde ich mich zum ersten Mal selbst sehen. Dieser bleiche Körper mittleren Alters, der seinen Kopf von links nach rechts bewegt und hört, wie die Wirbel knirschen. Dieser Körper mit dem schmerzenden Knie. Dieser Körper beugt sich hinunter zum Wasserhahn, um aus der hohlen Hand Wasser zu trinken, und sofort dreht sich im Kopf alles. Ich klammere mich am Waschbecken fest und sehe im Spiegel, wie alle möglichen Gesichtsausdrücke sich in nur einem Augenblick überlappen – ich bin selbst zu einem Gemälde von Bacon geworden. Aus dem ein kleines Stück herausgeschnitten wurde.
Als ich das Schlafzimmer wieder betrete, schläft meine Freundin

eingerollt im Bett. Auf der Seite. Sie hält das Bettlaken unter dem Kinn fest. Bevor ich ins Bett steige, sehe ich mich, wie ich neben ihr liege. Auf der Seite. Mit geöffneten Augen. Ohne zu blinzeln, liege ich da und betrachte meine Freundin.
Vorsichtig, um uns bloß nicht zu stören, lege ich mich neben uns auf den Rücken, dicht am Rand des Betts. Wie ein Schatten.
Ich schalte das Licht aus.

Nach dem Unfall kann ich nicht mehr klar denken. Besser gesagt: Die ganze Zeit über bestürmen mich Gedanken, aber ich kann sie nicht auseinanderhalten, sie liegen wie ein Haufen Mikado-Stäbchen auf der Erde und ich kann keines herausziehen, ohne alle in Bewegung zu bringen.
Ich versuche, mich nützlich zu machen, trotz des Verbots meiner Freundin. Ich liege am Rand des Bettes. Nach fünf Minuten gelingt es mir, mich aufzurichten – wie eine hochschwangere Frau muss ich mich erst halb auf die Seite legen, die Beine aus dem Bett schieben, die Füße auf den Boden setzen, immer noch auf der Seite liegend, mich mit dem Ellenbogen abdrücken und schnell mit der Hand umgreifen, um mich hochzuwuchten. Auf keinen Fall den Kopf sacken lassen! Ich gehe zum Schrank und nehme die schon getragenen Socken heraus.
Ich gehe die Treppe hoch und stecke die Socken in die Waschmaschine. Danach stecke ich sie in den Trockner, und wieder danach lege ich sie auf den Tisch, um sie zu sortieren.
Obwohl ich genau weiß, dass ich eine gerade Anzahl Socken aus dem Schrank genommen habe ... Immer verschwindet mindestens eine Socke, oder es sind welche dabei, die nicht zu den anderen gehören.

Vielleicht leben die Dodos unter uns, genauso zahlreich wie die Katzen in Istanbul, aber wir sehen sie nicht, und sie stehlen unsere Socken, während wir schlafen, um sie mit zur Insel Sandy zu nehmen und dort anzuziehen. (Vielleicht lassen sie auch Schuhe mitgehen, weshalb immer nur genau ein Schuh auf der Straße herumfliegt, immer nur einer, nie ein Paar.)

Wir müssen weiterhin in der ganzen Welt suchen, an allen Ecken und Kanten, unter jedem Stein, in jedem Hohlraum. Nicht unbedingt, um irgendwann einmal auf die Socken zu stoßen, nicht einmal wegen der Dodos, sondern, um immer aufs Neue Geschichten über die Insel Sandy zu finden. So lange wir damit fortfahren, existiert die Insel Sandy zwar weiterhin nicht, ist aber doch da, und sowohl die Dodos und das Mammut als auch der Auerochse, der Kaplöwe und der Rodrigues-Star, der Elefantenvogel sowie die anderen Ausgestorbenen, die Vermissten, jene, die immer alles vergessen, l'oubli, mein Großvater Marcel und jene, die vergessen sind, die Verlierer, die Verlorenen, jene, die man verloren wähnt, die *abandoned*, die Spurlosen und all die anderen Säbelzahntiger können in unseren Socken und Schuhen unsere Fußabdrücke auf der Insel Sandy hinterlassen.

Glossar

Atelier
Francis Bacon's studio, Margarita Cappock, Merrell Publishers (1. Oktober 2005). Umfangreich illustrierter Band über Bacons Atelier und den Umzug des Ateliers nach Dublin.

Baobab (Adansonia digitata)
Affenbrotbaum. Der flaschenförmige Stamm kann bis zu 30 Meter Umfang haben und wird von einer rührend kleinen Baumkrone abgeschlossen. Laut den San (den ‚Buschmännern') wurde der Baobab von den Göttern zur Strafe auf die Erde geworfen, dabei landete seine Krone in der Erde, während die Wurzeln in den Himmel zeigten. Der Stamm ist ein gigantisches Wasserreservoir. Aus dem faserigen Bast kann Seil geflochten werden.

Bärenohr (Arctotis)
Bodendecker mit filzigen Blättern und margeritenartigen Blüten in prächtigen Farben. Blütenmeere aus Bärenohr ergießen sich über das Namaqualand (Südafrika und Namibia).

Bernini
Gian Lorenzo Bernini (17. Jahrhundert), neapolitanischer Bildhauer, Maler, Architekt, fasste die Worte der Mystikerin Theresa von Avila in weißen Marmor. Sie beschrieb Ekstase („dieser glückliche Schmerz") als eine „brennende Lanzenspitze, die in die Seele eindringt". Die Statue *Die Verzückung der heiligen Theresa* befindet sich in der Santa Maria della Vittoria in Rom.

Bernini entwarf auch Brunnen. Meister der Metamorphose und des concetto (= das poetische Konzept, das zwei oder mehrere Begriffe, die nichts miteinander zu tun haben, miteinander verbindet, *um neue Erkenntnisse zu ermöglichen*).

Calafia
Imaginäre Anführerin der schwarzen Amazonen, Kriegerinnen, die, auf dem Rücken der Greife (halb Löwe, halb Adler) reitend, von der mythischen Insel Kalifornien aus die Christen besiegen sollten. Hauptfigur aus dem Buch *Die Heldentaten von Esplandián* von Garci Rodríguez de Montalvo (ca. 1500). Sie wurde im Lauf der Zeit allerdings zum Christentum bekehrt.

Donatello
Florentinischer Bildhauer (ca. 1386–1466). Arbeitete in Marmor, Holz und Bronze. Seine aus Holz geschnitzte Maria Magdalena (Museo dell'Opera del Duomo, Florenz) zeigt sein erstaunliches Talent, Gefühle zum Ausdruck zu bringen.

Fiktion
Eine Handvoll Sekunden ist Fiktion. Jede Ähnlichkeit mit existierenden Personen oder Ereignissen beruht auf jenem einen *accident*, der sich unaufhörlich auf den vorigen *accident* stapelt.

Gelbholzbaum (Podocarpus latifolius)
Nationalbaum Südafrikas. Ein immergrüner Baum, der eine Höhe von bis zu 35 Metern erreicht und einen Umfang von drei bis zehn Metern, er kommt aber auch in einer zwergwüchsigen Variante an Berghängen vor. Die männlichen Bäume tragen kegelförmige Samenkapseln. Als es noch Gelbholzbaumwälder

gab, sollen sich die Kap-Papagaien wie summende Bienenschwärme von Baum zu Baum bewegt haben.

Gelbkopfmännchen (Bulbinella latifolia)
Auf langen, schmalen Stängeln steckt ein gelber oder orangefarbener Pfeil, der aus Hunderten Blüten besteht (wie eine Feuerwerksrakete, die explodiert). Kommt vor allem in der Umgebung von Nieuwoudtville (Südafrika) vor.

Godseentjenenbewoardje
Westflämisch: Gott segne dich und behüte dich.

Halbmenschbaum (Pachypodium namaquanum)
Unverzweigter, vier Meter hoher Baum mit einem kleinen Strauch gelockter Blätter auf der Spitze und einem furchteinflößend stacheligen Stamm. Ähnelt der Überlieferung nach in der Abenddämmerung einem Menschen, meiner Wahrnehmung nach aber eher einer Seeanemone, die an Land gekrochen und unkontrolliert in die Höhe geschossen ist (nach dem Verzehr von Kaktusfeigen?). Kommt vor allem in Richtersveld (Südafrika) vor.

Hottentottenfeige (Carpobrotus edulis)
Kriechpflanze, die gerne in einer salzigen Umgebung wächst, beispielsweise auf Klippen. Auf einem Bett aus fleischigen, wurstförmigen Sukkulentenblättern ragen gelbe oder fuchsiafarbene Blüten auf. Die Fruchtkapsel ist essbar. Besonders invasive Pflanze, die andere Gewächse erstickt und die ganze Umgebung kolonialisiert.

Ilmenit
Schwarzes Mineral, wird auch Titaneisen genannt. Kommt häufig auf dem Mond vor.

Interview
Legendäre Interviews von David Sylvester mit Francis Bacon:
http://www.theguardian.com/theguardian/2007/sep/13/greatinterviews
http://www.youtube.com/watch?v=xoFMH_D6xLk

Kanna (Sceletium tortuosum)
Wird von den Niederländern in Südafrika auch als „Kaugut" bezeichnet. Fettpflanze, die mit dem Eiskraut verwandt ist. Nach dem Verzehr der getrockneten, fermentierten Wurzeln tritt eine euphorisierende Wirkung ein, vergleichbar mit leichtem Ecstasy.

Köcherbaum (Aloe dichotoma)
Aloe, die zu einem Baum mit einer runden Krone heranwächst. Wächst gerne über Basalt, um die darin gespeicherte Tageshitze während der kühlen Nacht zu speichern. Die hohlen Zweige eignen sich perfekt, um daraus Köcher für die Pfeile anzufertigen. Die nektarreichen Blüten sorgen dafür, dass die Baumkronen häufig von Vögeln oder Heuschrecken umschwärmt werden. Vorwiegend solitär stehend, es gibt aber vereinzelt auch Köcherbaumwälder in Südafrika.

Lackmuskraut (Chrozophora tinctoria)
Aus dem Saft wird blauvioletter Farbstoff gewonnen. Hermaphrodit (sowohl männlich als auch weiblich). Blüht jahrelang nicht, blüht dann aber plötzlich auf und stirbt danach.

Leda (und der Schwan)
Gemälde, *abandoned*, von Leonardo da Vinci, von dem nur noch Kopien existieren. Eine stehende, nackte Frau (Leda) umarmt einen Schwan. Zu ihren Füßen liegen zwei zerbrochene Eier, aus denen vier Babys herauskriechen.
Da Vinci fertigte verschiedene Studien (Kreide und Tinte) von Leda, der spartanischen Königin, die der griechischen Mythologie zufolge von Zeus überwältigt wurde, indem er sich in einen Schwan verwandelte. Es sind delikate Zeichnungen einer Frau, mit gesenktem Blick und Haaren, die wie Wasser aufwirbeln; eine davon befindet sich im Museum Boijmans Van Beuningen in Rotterdam.

Liebfrauenkirche, Onze-Lieve-Vrouwekerk
In dieser Kirche in Brügge steht das Kind, einen Ellenbogen auf das Bein der Mutter abstützend, seine rechte Hand mit ihrer linken verklammert. Vor allem ihr Blick ist außergewöhnlich: gesenkte Augen, als wüsste sie schon, welches Schicksal ihren Sohn erwartet. Intensiver und gelassener Schmerz zugleich. Phänomenal ist der drapierte Rock aus weißem Marmor – wie die linke Hand die Falten ihres Rockes ergreift! Michelangelo fertigte die *Madonna mit Kind (Brügger Madonna)* zu Beginn des 16. Jahrhunderts. Es war seine erste Figur, die ins Ausland ging.
Im Zweiten Weltkrieg wurde sie von den Nazis gestohlen und wurde – genauso wie das *Lamm Gottes* von Van Eyck – in den Salzminen von Altaussee in Österreich wiedergefunden.

Mittagsgold (Gazania splendens)
Orangefarbene, an Margeriten erinnernde Blume. Die Unterseite

der Blätter ist weiß behaart. Bei unzureichendem Sonnenlicht bleibt die Blüte geschlossen, sie ähnelt dann einer in Orange getauchten Pinselspitze, die zu fest aufgedrückt wurde.

Peridot
Olivfarbiges Mineral, daher wird es auch als Olivin bezeichnet. Auch Chrysolith genannt. Glitzert häufig kristallin im Eruptivgestein Basalt.

Protea (Protea cynaroides)
Nationalblume Südafrikas, benannt nach dem griechischen Gott Proteus, der alle denkbaren Gestalten annehmen konnte. Es gibt Hunderte verschiedene Arten. Populärname: Zuckerbusch. Aus der *Protea repens* tröpfelt Nektar, der durch Kochen zu Zuckersirup (so genannter Buschsirup) eindickt.

Schießpulverpflanze (Silene capensis)
Afrikanische Traumwurzel, aus der Familie der Nelkengewächse. Opulent blühende Pflanze, deren weiße Blüten sich in der Nacht öffnen und am Tage verschlossen bleiben. Der Verzehr der Wurzeln verursacht tiefen Schlaf und klare Träume. In der griechischen Mythologie waren die Silene Mischwesen, halb Mensch, halb Pferd, die in den Höhlen den Nymphen beischliefen.

Stinkholzbäume (Ocotea bullata)
30 Meter hoher Baum aus Südafrika. Die Blätter sind mit Warzen und Blasen bedeckt. Stinkt beim Zersägen. Hochwertiges Holz.

Van Eyck
Flämischer Primitiver aus dem 14. und 15. Jahrhundert. Signierte

Gemälde manchmal mit „Als ich can“: So wie ich es kann (und nicht, wie ich es gewollt hätte). Das Gemälde *Madonna des Kanonikus van der Paele* hängt im Groeningemuseum in Brügge, wo sich auch das Moreel-Triptychon von Hans Memling befindet. In *Eine Handvoll Sekunden* bilden sie, zusammen mit anderen geliebten Gemälden und Skulpturen, ein imaginäres Museum-das-sich-an-die-Schönheit-der-Welt-erinnert.

Wadi Rum
Wüste im Süden Jordaniens mit hohen, vielfarbigen Felsen, von Wind und Regen gemeißelten Bögen, Grotten, Schluchten und bizarren, frei stehenden Felsen. Man findet zehntausende Zeichnungen und Inschriften, wie ein in Stein gehauenes menschliches Gedächtnis, bis zu den frühesten Formen des Alphabets.

Wasserstudien
Leonardo da Vinci war fasziniert von Wasser. In seinen gesammelten Schriften, dem *Codex Atlanticus*, kann man lesen, dass Wasser „die Berge zerbeißt und Täler füllt. Wäre es möglich, es (das Wasser) würde die Erde in eine glatte Kugel zurückverwandeln.“ Nach da Vinci verändert Wasser die Farbe wie ein Spiegel: „Es ändert sich nach Art des Ortes, wo es ist.“ Es wird „wütend, rot, gelb, grün, schwarz, blau, glitschig, dick oder dünn.“ Seine vielen Wasserstudien (von Wellen, Stürmen, Strömungen, Überflutungen) und Entwürfe für Kanäle und Deiche beweisen seine Faszination, das Wasser zu bezwingen.
In seiner Zeichnung *Sitzender alter Mann im Profil und Wasserstudien* ähnelt die Strömung geflochtenen Haaren (vgl. *Leda*).